はじめに

「君の気持ちはよくわかるよ」
「失敗しても責任はオレが取る」
「努力は裏切らないぞ」

部下を抱える上司の立場にある人であれば、これらの言葉を一度は口にしたことがあるのではないかと思います。かく言う私も何度も何度も言ってしまいました。「えっ、別に何も問題ないのでは?」と思った方は要注意です。

実は**これらの言葉は、場合によっては、相手に反感を持たれることもあるのです。**

たとえば、安易に「気持ちはわかるよ」と言えば、「そこまで自分のことを見てくれてもいないあなたに何がわかるのか」と思われたり、「失敗しても責任は取る」と言われても、「責任って一体何？　どんなことをしてくれるのですか？どうせ評価は低くなるのでしょう？」と思われたり、「努力は裏切らないぞ」と励ましたつもりでも、「いや、もう努力してきていっぱいいっぱいなんです。それで結果が出ていません。それなのにまださらに努力しろと言うのですか？」と思われたりするわけです。

このように上司が部下に話す言葉はとてもセンシティブなものです。

私は人事コンサルタントとして、日々多くの会社のマネジメントを支援しています。そこでさまざまな経営者から組織課題の相談を受けているのですが、おおよそどの会社に行っても言われることがあります。それは「うちの会社はマネジメント力が不足している」「マネジメント人材の層が薄い」という中間管理職に対する問題意識です。

けっこうボロクソに言われていてかわいそうになるのですが、若手の離職が多いのも、人がなかなか育たないのも、新しい商品やサービスが生まれないのも、部下への評価に納得感や公平性がないのも、「全部、マネジャーのせい」とでも言わんばかりです。そんなに上司という種族の人たちだけが悪いのでしょうか？

本当はそんなことはありません。

仮に上司たちの力が不足しているのであれば、今いるその上司たちの能力を踏まえて、仕事のやり方や人の配置、人事制度などのルールの制定、行動規範の策定など、適切な経営システムを作るというのが経営者の責任です。それにもかかわらず、すべての責任を上司個人の力に押しつけるのは殺生な話です。**そもそも「マネジメント」という言葉は「工夫して何とかする」という意味であり、上司陣の能力が足りないなら足りないで、何とかするのが経営者であるはずです。**

しかし、それはそれ。環境が整備されて良くなることを待っていては会社はつぶれてしまいます。仕事や部下は待ってはくれません。ですから現実としては、上述のように、中間管理職＝上司の個力に頼るしかない会社が多いのです。**上司の皆さんは、自分の力で問題を解決していかざるを得ないのです。**

そこで世の上司の皆さんは五里霧中で武器も持たせてもらえずに、日々自分の任されたチームの中で試行錯誤しています。そんな上司の皆さん（正式な管理職でなくとも、１人でも後輩やメンバーを持てば、それは「上司」です）のために少しでも使える武器を提供できるようにという思いで本書を書きました。

上司にとってのマネジメント上の武器とは基本的には、「言葉」です。どんな状況のときに、部下にどんな言葉を投げかけるのかによって、その部下の思考や行動は変わり、チームの成果も影響を受けることになります。心を動かす「言葉」を発することができれば、部下は一生懸命がんばってくれるかもしれませんし、逆にがっかりさせるような「言葉」を発してしまえば、せっかくやる気のあった部下の気持ちを挫《くじ》いてしまうかもしれません。

特に、現代では働き方改革やコロナ禍以降、テレワークや時短勤務など、時間や空間をともに「しない」、「非同期」の状態でマネジメントをしなければならなくなってきています。そうなると、すべてのマネジメント行動を「言葉」にしてメールやチャットなどを通じて行なわなくてはなりません。上司にとって「言葉」の力を高めていくということは、これまでよりもいっそう重要なスキルとなっています。

しかし、現在上司になっている中高年の人たちは、上司や同僚や部下と一緒に机を並べて、長時間一緒にいて仕事をするという「同期」の状態で仕事をし、育ってきた人たちです。そこでは共通の認識ができやすく、皆まで言わずともお互いのことを理解でき、「あうんの呼吸」や以心伝心、「空気を読む」ということが通用していました。そのため、自分の指示や意見を部下などに「言葉」でうまく伝えるということに慣れていません。

「背中で示す」「見せて盗ませる」「一緒にやる」というようなマネジメントスタイルしか経験していない人も少なくないことでしょう。

ドラマで見るような「部下をいじめてやろう」という悪意を持っている上司など実際にはほとんどいません。みんな動機は善意で、「部下にうまく成果を出させてあげたい」「成長させてあげたい」と考える人ばかりだと思います。

しかし、**言葉づかいを1つ間違えれば、悲しいことに部下からは、意図とは反対に誤解されて、嫌われたり疎まれたりすることも多いのです。**このようなことが起こらないように、「どのような言葉がどのように誤解されやすいのか」「本当はどのような言葉をかけてやればよいのか」について皆さんが理解する一助となれば幸いです。

目次

はじめに　1

第1章

「この人、わかってないなあ……」と思われてしまう残念な上司の言葉

NGワード01　「君の気持ちはよくわかるよ」　14
NGワード02　「お互い本音で話し合おう」　20
NGワード03　「君は○○世代（例：Z世代、ゆとり世代）だからなあ」　26
NGワード04　「若いのに（女性／中途採用なのに）、よくがんばっているね」　32
NGワード05　「ピンチだからこそ、できることがあるだろう！」　38
NGワード06　「これからはダイバーシティが重要だ」　44
●コラム　世代論はどこまで有効か　50

第2章

「この人の仕事のやり方はまどろっこしいなあ……」と思われてしまう残念な上司の言葉

NGワード07 「仕事が終わるごとに逐一報告してね」 52
NGワード08 「わからなかったら遠慮なく聞いてね」 58
NGワード09 「先に帰っていいよ。あとはやっておくから」 64
NGワード10 「ITツールは苦手なんだよね」 70
NGワード11 「自由にやっていいからね（まず好きなようにやってみて）」 76
NGワード12 「プロセスは任せるよ。結果さえ出してくれればいいから」 82
●コラム　テレワークとマネジメントの未来 88

第3章

「この人、責任感がないなあ……」と思われてしまう残念な上司の言葉

NGワード13 「オレは役割で管理職をやってるだけだよ（管理職なんて損な役回り）」 90

NGワード14 「君はどうしたいの？（お前は何がやりたいんだ？）」 96

NGワード15 「私はホメて伸ばすタイプだから」 102

NGワード16 「やっぱりオレがいないとダメだなあ」 108

NGワード17 「この仕事をがんばれば、市場価値が上がるよ」 114

NGワード18 「オレはそう思わないんだけど、会社がこう判断したんだ」 120

●コラム　個人のせいか、組織のせいか 126

第4章

「この人、古くさいなあ……」と思われてしまう残念な上司の言葉

NGワード19 「修羅場をくぐらないと、成長できないぞ」 128
NGワード20 「オレが若いときはブラックで猛烈に働いたなあ」 134
NGワード21 「失敗しても責任は私が取る」 140
NGワード22 「もっと会社に貢献しなきゃ／愛社精神を持って」 146
NGワード23 「会社は学校じゃない。金をもらっているのだからキツイのは当然」 152
NGワード24 「石の上にも三年。しばらくやってみよう」 158
●コラム　マネジメントに流行は必要か？ 164

第5章

「この人、頭が固いなあ……（もしかしたら頭が悪いのかも）」と思われてしまう残念な上司の言葉

NGワード25 「その話のエビデンスは？」 166
NGワード26 「その話は論理的でないよ（説明になっていないよ）」 172
NGワード27 「オレはこうやってうまくいった。だから君もそうしなさい」 178
NGワード28 「経営者目線で考えろ」 184
NGワード29 「教えてもらおうとするな。自分で見て盗んで覚えろ」 190
NGワード30 「努力は裏切らない」 196
●コラム　上司はつらいよ 202

おわりに 203

ブックデザイン　bookwall
カバー&本文イラスト　石井あかね
本文 DTP 制作　近藤真史
校正　滝田　恵
執筆協力・校正　多田高雄
編集&プロデュース　貝瀬裕一（MX エンジニアリング）

第1章

「この人、わかってないなあ……」

と思われてしまう残念な上司の言葉

NG ワード 01

「君の気持ちはよくわかるよ」

そもそも、人は他人の気持ちなどわからない

職場でもプライベートでも、誰かから何かを相談されたとき、あるいは誰かが苦しんでいるのを見かけたとき、私たちは善意からつい「君の気持ちはよくわかるよ」と言ってしまうものです。仕事上のマネジメント研修などでは、まずは相手の話をよく聞くことが大切だとされます（これは「傾聴《けいちょう》」と呼ばれ、人間関係における重要なキーワードであることは本書でも何度か触れることになります）。そしてこの「傾聴」のあと、話を聞いた側はついこの「わかるよ」という言葉を発してしまうものです。

しかし、そもそも人は、他人の気持ちなどわかるものでしょうか？

やや哲学的な話にもなりますが、生まれも育ちも、今いる状況も違う他人の心を、理解

DATA

不信度	★☆☆
嫌われ度	★★☆
バカにされ度	★★☆

することができるものでしょうか？

あえて強い言葉でいえば、私は「他人の気持ちがわかる」と思い込んでいることは、その人の「傲慢」であると考えています。ややもすると、人は、他人どころか自分の気持ちさえもわからないものです。にもかかわらず**他人に対して安易に「わかるよ」などという底の浅い共感の言葉を吐くべきではありません。**

そもそも「共感」とは何か？

人がつい「わかるよ」と言ってしまう気持ち、つまり「共感」は、もともとはカウンセリングの分野で重んじられてきた言葉です。カウンセリングの祖カール・ロジャーズという臨床心理学者が「共感的理解」という言葉を用いたのが広まり、職場においても部下に対するマネジャーのコミュニケーションの中で重要なものとされるようになりました。

しかし、会社はカウンセリングの場ではありません。「上司と部下」は、「熟達した技術を持つカウンセラーと悩めるクライアント」という関係でもありません。そもそも会社は、学校とは違い、年齢差の大きい集団です。上司と部下の双方にとって、互いにすぐには理解できないこと、共感できないことが多くて当然なものです。

「だからこそ、積極的に共感しようぜ」と、上司たちは気をつかい、がんばります。が、その努力にもかかわらず、実際には**世代も違い、立場もまるで異なる部下には、「全然わかってないくせに」と思われてしまうことが多い**のが現実です。

では、上司は悩んでいる部下に対して、いったいどう接すればよいのでしょうか？

⊘安易な共感は実は「ウソ」でしかない

まず申し上げたいのは、「ウソはダメだ」ということです。30代や40代、ましてや親より上の50代といった年かさの上司が、本当の意味で20代の若者のことを理解し、共感することはできません。「君の気持ちはよくわかる」は、実はウソであることになります。上司としては自分の若かった頃の経験などと照らし合わせ、つい「わかる」と言ってしまいますが、必ず世代間ギャップがあるので、部下の心には「ウソ」として届きます。

そもそも、世代のギャップがなかったとしても、人はそんなに簡単に共感や理解などできません。それなのに、「わかっている」と言われると、言われた側は言った側の意図とは逆に、不快にさえ思うこともあります。「立場の違うあなたがなぜ私のことをわかるのか」「もし本当にわかるなら、何であれやこれをしてくれないんだ」「その上あれやこれやをさせるのか」などと、いろいろな思いがこみ上げてきます。もちろん部下の側も、「この人は自分との距離を縮めたいと思ってこう言ってくれているのだな」「ありがたいな」と思うこともあるでしょうが、実際には逆効果になることも多いのです。世代も立場も違う遠くにいる人がいきなり共感だなんて、違和感を持たれても仕方がありません。

それならばいっそ、**上司は部下に対して、わからないことは正直に「わからない」と告げ、さらに部下の言うことをより深く「傾聴」するべきなのです。**

🚫 本来の共感は「シンパシー＝同情」ではなく「エンパシー＝想像」

この「上司は部下に共感すべし」という言葉の元ネタともいえる「共感的理解」も、提唱者のロジャーズは「相手の私的な世界をあたかも自分自身のものであるかのように感じ取り、しかもこの『あたかも〜のように』という性質を失わないこと」と定義しています。特に重要なのは、後半の「あたかも」を忘れるな、という部分です。実際には理解などできていないということを忘れるな、あなたが「わかった」と思ったことは「あたかも」という思い込みである可能性が高い、ということでしょう。さらに噛み砕くと、重んじるべき**「共感的理解」とは、「価値観や育った環境が異なる相手について、相手の考え方や状**

況を『相手の心の基準で』理解しようとする態度」だと言うこともできます。

この「共感的理解」の原語も、"sympathy"（≠同情）ではなく"empathy"（≠感情移入と訳されることが多い）であり、相手の気持ちをさもわかったかのように、自分も同じ気持ちだと勝手に同一化して振る舞うことを指してはいません。これらは似て非なるものです。大事なのは相手の気持ちを理解しようと、相手の立場をイメージしてその気持ちを想像すること（≠感情移入）です。

🚫 共感していることではなく、共感しようと努力することが評価される

ですから、20代の若者にひと回りもふた回りも世代の違う上司が「わかるよ」と軽々しく言うべきではありません。悪意がないことは相手にも伝わるでしょうが、それでも「わかったフリをしている」と不愉快にさせてしまうことすらあります。若者がよく使う「ムカつく」という言葉が近いでしょう。

こういった場合、上司が部下に伝えるべきは「わかるよ」という安易な同意、浅い共感ではなく、**「わかろうと努力をして一生懸命想像をした結果、君はこのような気持ちではないかと思ったのだけれども、どうだろうか？」**ということです。

もしそのような形で告げたのであれば、それがいくら的外れなものであったとしても、部下には「本気で自分のことを理解しようと努力してくれている」と伝わります。それに対して不快に思われる可能性は低いはずです。そして上司の想像する「君の気持ち」が間違っているのならば、「本当の僕の気持ちはこうなんです」と、胸襟《きょうきん》を開いてくれるかもしれません。

大切なのは「わかるよ」という意味のない相づちではなく、**「わかろうとする気持ちを持ち、努力して理解しようとする姿勢」**なのです。

まとめ

- 部下に安易に「わかるよ」などと言ってはいけない。
- 上司には部下のことが「わからない」のが当たり前。まず部下の言うことをより深く「傾聴」するべき。
- 部下に「この人は、本気で自分のことを理解しようと努力してくれている」と思われることが大事。

NG ワード 02

「お互い本音で話し合おう」

⊘ もはや「一体感」が必須な時代ではない

皆さんをはじめとする昭和生まれの上司たちの多くは、高度経済成長期の残り香の中、「チームは互いに共感し一体感を持って仕事をするものだ」という無意識の前提を持っています。上司たちが現場にいたその時代では、向かうべき方向性や役割分担が明確に見えており、互いに助け合いながら自分の持ち場をしっかりと守っていれば、最終的にそれぞれが作りだした部品がピタリとはまり、1つの大きな成果を得ることができました。この場合には「共感し合い、一体感を持って仕事をすること」にも一定の正しさがありました。

ところが今は向かうべき方向性が不確かな時代です。メンバーそれぞれの役割分担も多様化し、複雑になっています。**一体感を持ってみんなが1つの間違ったゴールに向かえば、**

DATA

不信度	★★★
嫌われ度	★★☆
バカにされ度	★☆☆

全滅してしまうリスクすらあります。もはや一体感は必要ではないどころか、大きな弱点ともなり得ます。

「共感」という名の同調圧力

今の時代に必要なのは、「共感」や「一体感」よりも「多様性」です。それぞれがほかの人と違うことをすることで、チーム全体としては方向性の違うさまざまな可能性に賭けることができます。誰か1人が当たりを出せば、結果として全員を救うことになる。一見危なげなアプローチですが、実はこれが成功することも多いものです。

とはいえ、もちろんある程度は「チームのために」という貢献意識や仲間意識も必要です。それらがまったくないとなると、チームがチームとして機能しません。

しかし今では、昔のように**「同じ釜の飯を食った仲間」的な同質性、共感性を求めることは、逆に害悪にしかならないことがあります。せっかく違う考え方をしている貴重な人を排除してしまったり、同調圧力によって同質化してしまったりしては元も子もありません。**せっかくの多様性を排除してしまうことになります。

「本音」をさらけ出したらどうなるのか？

そんな中、上司が「本音をぶつけ合おうぜ」と部下に考えをさらけ出すよう命じたら、どんなことが起こるでしょうか？

もし両者の考えが違っていた場合、一体感や共感を希求する昭和世代の上司はきっと「すり合わせ」を行なおうとすることでしょう。両者の考えのギャップを浮き彫りにして、どうすればそれを埋めることができるかと考え、場合によってはそこにある溝を埋めようと、自分の考えを押しつけ、説得し始めるかもしれません。しかし、そんなことは不要なのです。むしろ「してはいけないこと」だともいえます。特に新しい業界や領域においては、そもそも上司の考えが部下の考えよりも正しいかどうかさえ怪しいもの。「昔取った杵柄」は無用の長物かもしれないのに、**「すり合わせ」されたほうはたまりません。逆に部下を萎縮させ、反感を持たれることにもなりかねません。**

むやみに「本音」などぶつけなくてもよい

では、どうすればよいのでしょうか？

それは「傾聴する」ことです。つまり、部下が気をつかうことなく話せるような雰囲気を作り、ただ純粋に部下の話に耳を傾けることだけをするのです。

間違っても「まずはオレから腹を割って話そう」などと考え、上司が本音をさらけ出す必要はありません。むしろ、部下が上司とは違った考えを持っていた場合に、本音を言いにくくするのがオチです。**上司が自分の意見を無闇に「ぶつけて」はいけない**のです。

⊘「聞く」のではなく、じっと「見る」

さらに意識しておかねばならないポイントがあります。たとえ本人から「これが本音です」と何かを聞き出せたとしても、それは「その人の主観でしかない」ということです。人が自分のことを完全に理解するのは難しいこと。本人が「本音」だと言うことが必ずしも本当の考えだとは限らないのです。そんな中で「本音」を捻り出させたところで、ただの思い込みや勘違いくらいしか出てこないこともあるでしょう。

ですから上司は部下の意見を聞くだけではなく、部下の行動を丁寧に観察します。「聞く」だけではなく「見る」のです。

結局のところ人の本音とは、その人が「何をやるか」の中に隠れているものです。日々

部下をきちんと見ていれば、あえて聞かずとも「本音」は推測できるはずです。

「自分のことを見てくれている」がホメ言葉

実際、若い人が自分の上司を賞賛するときの常套句が、「あの人は自分のことをきちんと見てくれている」です。会社が定めた1on1ミーティングや定期評価の面談などでその場限りの形式的な「傾聴」を行なったとしても、それだけでは足りません。部下は「〝日常的に〟自分に関心を払ってくれている」上司を求めています。自分に関心を持ってくれない上司に心を開く部下がいるでしょうか。

私はよく人事コンサルティングで評価報酬制度設計などを行なうのですが、多くの会社で「上司がいかに部下のことを見ていないか」がわかります。部下の状態を記述してもらっても、具体的なことが何も出てこないからです。ちゃんと関心を持っている上司は、部下についての記述が極めて具体的です。

「君の本音はこういうことじゃないのかな？」という仮説

　また、**上司は「部下の本音はこうではないか？」という仮説を持っておくべき**です。もし「傾聴」や「観察」だけでは十分なことがわからず、本人に直接本音を聞くしかないということになっても、それは自分の仮説を持った上での「確認」でありたいものです。

　私も上司として人に言えた立場ではないのですが、できることなら、部下に「本当はこう思っているのじゃないか？」と打診してみて、「えっ、なぜそう考えていることがわかったのですか⁉」と驚かせてみたい。仮説の証明です。それができて初めて、一流の上司だと胸を張ることができるのだと思います。

まとめ

- 今の時代に必要なのは、「共感」や「一体感」よりも「多様性」。
- 若い人が上司を評価するときのポイントは「自分のことをきちんと見てくれている」かどうか。
- 「部下の本音はこうではないか」という仮説を持っておく。

NG ワード 03

「君は〇〇世代（例：Z世代、ゆとり世代）だからなあ」

🚫 自分が落ち着くための「安易な世代分け」

今「若手」とされる世代は、「Z世代」と呼ばれることが多いようです。幼い頃からインターネットやスマートフォンが身近にあり、「デジタル・ネイティブ」とも呼ばれます。実体験よりもSNSなどを通した体験に慣れ親しみ、ネットを介した他人とのコミュニケーション方法を主とすることは多くの「上司世代」を戸惑わせていることでしょう。あなたも、自分には理解できない若い世代に対して、「君はZ世代だからなあ……」などと言ったことはありませんか？　あるいは、本人に向かっては言わないものの、酒の場で同僚に「あいつはゆとり世代だから……」と決めつけ、グチったことはありませんか？　そして多くの場合、上司世代はそれを「やる気のなさ」や「仕事よりもプライベートを優先する

DATA

不信度	★★☆
嫌われ度	★★☆
バカにされ度	★★☆

姿勢」に結びつけ、負の側面とみなしています。

このような**「若手に対するグチ」は、太古から続く人間の悪癖です。**「最近の若者は……」というグチは古代エジプトのパピルスにも書かれていた」「プラトンも著書でそう嘆いている」というよく聞かれる話、実は多少の誇張が入った俗説のようですが、「さもありなん」とは思いますよね。

人間は、「自分には理解できないもの」に名前をつけ、一括りにし、それだけでなぜか安心してしまう生き物です。得体の知れない何かが起こったとき、「それは○○現象だよ」と言われただけで安心する気持ち、と言えば、おわかりになるかもしれません。

「あいつは○○世代だから」も同じことです。しかし、思い出してみてください。自分がまだ新人だった頃、「バブル世代」だの「氷河期世代、ロスジェネ世代」だの、もっと古くは「新人類」だのと言われ、十把《じっぱ》一絡《ひとから》げにされたことの不快さを（今、重役以上の役職にある人でも、若い頃は「しらけ世代」と言われ小バカにされていました）。

🚫「レッテル貼り」は単なる思考停止でしかない

この「世代のレッテルを貼ってしまうこと」についてまず言えるのは、**「世代の差より**

も個人差のほうが大きい」という事実です。自分の学生時代を思い出してください。同学年のメンバーは、皆同じ性格で同じ考え方を持ち、同じ行動をしていたでしょうか？　違いますよね。リーダーシップを持ち積極的に周囲を巻き込み活動するタイプもいれば、図書室や自室で自分の興味のあることだけに没頭している研究家タイプもいたはずです。

もちろん、「デジタル機器への慣れ」「国際交流の機会増加」などの外的要因も、その世代全体に影響を与えてはいます。が、それでも「世代差よりも個人差のほうが大きい」と考えることのほうが、ビジネス、人材育成の面では重要です。「〇〇世代だから」と安易に決めつけることは、単なる思考停止でしかありません。

🚫「やる気があるかどうか」だけで判断しない

ビジネスにおいての「レッテル貼り」の中で語られる最も大きな要素は、「やる気があるか、ないか」だと思います。いわく、「今の若い世代はやる気がない」。

ここで大切なことの1つ目は、**「レッテルを貼ることはかえってやる気を削ぐ」**ことです。考えてみれば当然のこと。いくら自分が仕事をがんばろうとしていても、十把一絡げに「あいつらは〇〇世代だから」と色眼鏡で見られているのを感じたならば、せっかくのやる気も一気に霧散してしまいます。

そしてもう1つ大切なことは、そもそも「やる気があるかどうか」だけで部下を見るべきではない、ということです。今の時代、ビジネスで求められているのは「生産性」です。いつもハキハキと元気よく、残業も休日出勤も厭わない、しかし成果はそれほどでもない部下は、上司には気に入られ可愛がられます。一方、その同期で、一見覇気はなく、出社よりもリモートワークを好み、定時には退社して飲み会などにも参加しない、もちろん有給休暇は目一杯使う、ただしその短時間で大きな成果を上げる部下。こちらは上司から見て可愛くはないかもしれません。しかし、ビジネスとしてはどちらが必要な人材であるかは、言わずもがなです（「やる気のある人材は成長しやすい」という面があるにしても）。

「やる気があるかないか」は、簡単にいえばただの「根性論」です。学生スポーツの世界において、「部活中には水を飲まない」「足腰を鍛えるためにうさぎ跳びをする」など、かつての根性論に根ざした練習方法は、現在のスポーツ科学では完全に否定されていることは皆さんもよくご存じでしょう。ビジネスの世界でどうであるかも、同じことだといえるでしょう。

積極的に判断を保留する

「世代などでレッテル貼りをする」「やる気があるかないかで評価を決める」ことが意味のないこと、もっと言えば悪影響をもたらすことは、以上で述べた通りです。

では、上司が取るべき態度はどのようなものでしょうか？

それは、**「若手の理解不能な行動を自分の基準で判断しないこと」「積極的に判断を保留すること」**でしょう。前者は、単に「自分の古くさい基準で評価をするな」という意味です。後者は、「そうはいっても人は自分の持つ価値観で人を見てしまうもの。だからこそそれを意識し、部下の不可解な行動の善し悪しを判断するとき、拙速さを排除して、積極的に判断を保留すること」です。あえて保留とし、違う視点を持って見てみること、近すぎず遠すぎずの距離を保ち、中長期的な成果を見てその人材を評価することが大切です。

人は受容されてから初めて育つ準備ができる

——と、ここまで「人を○○世代などと一括りにしてレッテル貼りをしてはいけない」と繰り返してきましたが、私が人材育成のコンサルティングを依頼されたときなどは、ある程度は「世代の違い」を抽象化し、分析します。しかし、それは「人材育成の全体を見て」のことです。個々の上司が個々の部下を見るときに世代によるレッテル貼りをしてはならないことは、「気持ちはわかる、しかしやってはならないこと」と、最後にもう一度強調しておきます。

人は、「個としての自分が認められ受容された」と感じてから初めて成長する準備を始めます。世代などの雑で大枠の属性ではなく、その人個人の特性を見守り育てることを、どうか心がけてください。

まとめ

- 「世代のレッテルを貼ってしまうこと」は思考停止。
- 「やる気があるかどうか」だけで部下を見るべきではない、「やる気があるかないか」は、ただの「根性論」。
- 人は、「個としての自分が認められ受容された」と感じてから初めて成長する準備を始める。

NG ワード 04

「若いのに(女性/中途採用なのに)、よくがんばっているね」

ホメているつもりの言葉が相手を不愉快にさせている

「ホメる」ことは基本的に良いことです。さらに昨今は、学校でも職場でも、人を育てるにはかつてのような体育会的なノリの育成法よりも「ホメて伸ばす」ことが良しとされるようになっています。

そこで、部下思いの上司が、ホメているつもりでつい言ってしまいがちなのが右に並べた「NGワード」のような言葉。中でも一番よく聞かれるのが、**「女性なのにがんばってるよねえ」でしょうか。言ったほうはもちろんホメているつもりです。言われた側も、その場ではニッコリと「ありがとうございます」と答えるでしょうが、内心、ほんの少しの引っかかりを感じていたり、あるいははっきりと不愉快に感じたりしています。**「たぶん

DATA

不信度	★★☆
嫌われ度	★★☆
バカにされ度	★☆☆

この人は、心の底では無意識に『女性は男性より非力だ、仕事ができないものだ』と思ってるんだろうな」と感じ取ってしまうからです。

🚫「まだ若いのに」「中途採用なのに」という偏見

同様のことはいくらでもあります。本心から感心し、ホメ言葉として「まだ若いのに、よくがんばってるよねぇ」と言ったとしても、**言われた若者は「えっ？　オレのこと、ゆとり世代だからとか一括りにしている？」「いや、世間知らずの子ども扱いしているのか？」と、ムッとするかもしれません。**もしあなたがあまり好かれていなければ、「今の世間を知らないのはそっちのほうだろうに」「SlackやZoomもちゃんと使えない人に言われたくない」などと、心中で悪態をつかれているかもしれません。

「中途採用なのに、よく馴染んでいるね」という何気ない言葉でも、「えっ？　オレはもうみんなと同じように働いているつもりなのに、まだ周囲から浮いていると思われている？」と、いらぬ不安を与えていることもあります。「地方出身なのに東京でよくやっているな」は「田舎者扱い？」と、「帰国子女なのにみんなとうまくやっているよね」は「外国育ちはみんな自己主張が激しい人間だとでも?」と、「〜なのに」というホメ言葉はどこかに引っかかりを感じさせてしまうことが多いものです。

アンコンシャス・バイアス（無意識の中にある偏見）

「アンコンシャス・バイアス」という言葉をご存じでしょうか?

元々は心理学の領域でよく使われていた言葉ですが、昨今は企業組織を運営する上でも重要視されるようになっています。意味は直訳の通り「無意識の偏見」。これまでに述べたような**「ホメているつもりが逆効果」は、たいていこのアンコンシャス・バイアスにより生じています。**

あなたも無意識に思い込んではいないでしょうか?「仕事のできる女性は気が強い」「年配の人間は頭が固い」「理系は専門バカが多くてコミュニケーション能力が低い」などと。

多くの企業が人材不足に悩まされる中、外国人を採用するにあたっても、「○○人はすぐに仕事をサボろうとする」「○○人は時間にルーズだ」と、その人個人を見もしないうちから、人から聞いたような話だけで判別していることはありませんか?

小さな言葉が積み重なって生じる攻撃性

心理学上の見地からビジネスに持ち込まれた言葉には、ほかに「マイクロ・アグレッション（小さな攻撃性）」というものもあります。

これまで述べてきたような「無意識の偏見」から来る不快感は、とりあえずは「ホメられている」ということもあり、１つ１つとしての影響は小さなものでしょう。しかし、このマイクロ・アグレッションが何度も積み重なっていくと、相手にとっては大きな負荷となります。

たとえば、日本という国が好きで何十年も暮らしている外国人が、あまりに多くの人から「日本語が上手ですね」と言われ続けることにウンザリしているのはよく聞く話です。

仕事の上でも同じことでしょう。**「若いのに」「女性なのに」と、それぞれは善意からくるホメ言葉、そのときは小さな不愉快でしかなかったものが溜まりに溜まると、いつしか大きなストレスとなり、本人さえ気づかないうちに、仕事へのモチベーションが下がってしまっていることもあります。**安直にホメてくる人（上司など）への不信感にもつながり、最悪の場合は「職場を変えよう」という心境にまで至ることもあるかもしれません。

インポスター症候群——安易なホメ言葉による自信の喪失

また、最近広く認知されるようになった言葉として、「インポスター（偽物、詐欺師）症候群」というものもあります。これは、自分自身の力で何かを達成し、周囲から高く評価されたとしても、「本当は自分にはそのような能力はない」「評価されるに値しない」と自分の実力を過小評価してしまう傾向のことで、男性よりも女性に多いとされています。「これは私が女だから過大評価されているだけだ」「私が昇進できたのも、男女平等の数合わせでしかないのだろう」と感じてしまうのです。

これにも、あまりに気軽で内容のないホメ言葉が影響しています。女性だけでなく、上司が部下に期待を持ち、その成長のためにホメてやりたいならば、**上司はきちんと「ホメる内容」を提示しなければなりません。**「若いのに」ではなく、「初めてのプレゼンだったのに、とても説得力があってよくできていた」などと、きちんと「ホメるべき内容」を示すのです。

安易なホメ言葉であるかどうかを見分ける方法

ホメているように見えて本人にはそう感じられない、かえってバカにされているように感じられる言葉、無意識に与える不快感。これを避けるためには、自分の発言が、もともと相手が低い立場にあるような、無意識の社会的差別の土台に載った「上から目線」のものである可能性を常に頭の中に置いておかねばなりません。

そして、「これはちゃんといい意味でのホメ言葉となっているだろうか？」と迷ったときの判別法は、実は簡単です。**「若いのに」「女性なのに」と言いたくなったとき、それを全部「若いくせに」「女性のくせに」と頭の中で言い換えてみるのです。**それで悪い気がするようならば、それは「言ってはいけないホメ言葉」です。

まとめ

- 「〜なのに」というホメ言葉は、相手の心のどこかに引っかかりを感じさせてしまうことが多いので使わない。
- 安易にホメずに、「ホメる内容」をきちんと提示する。
- 自分の発言が無意識の社会的差別の土台に載った「上から目線」になっていないか常に注意を払う。

NGワード 05

「ピンチだからこそ、できることがあるだろう！」

DATA

不信度	★★☆
嫌われ度	★★★
バカにされ度	★☆☆

未曾有の緊急事態「コロナ禍」

２０１９年末に突然その名が報じられ、わずか2～3カ月の間に全世界に広がり猛威を振るった新型コロナウイルス。私たちは、いきなり周囲のすべての物事が停止し、すべての常識が吹き飛ぶような、まさに未曾有の危機を経験しました。約3年半にわたり続いたこのコロナ禍での死者数は全世界で７００万人近く、日本国内だけでも7万人を超えます。この間、私たちは絶えず連続する「ピンチ」の最中にいました。

さて、ビジネスシーンにおいてはよく「ピンチはチャンスだ」という言葉がつかわれます。この「コロナ禍」という最大級のピンチの最中でも、不安に苛《さいな》まれている部下を鼓舞しようと「こんな緊急事態だからこそ、何かできることがあるはずだ」と力説した上司の皆さんもいらしたのではないでしょうか？　「ピンチはチャンスだ」と。

そもそも「ピンチ」とは、想定外の出来事が起こって、目的や目標が達成できなくなりそうな危険な状態のことです。英語のpinchは「つまむ」という意味ですが、日本語に採り入れられた「ピンチ」はここから変遷し、「つままれて狭くなった隘路《あいろ》、どん底に入り込んだ状態」となりました。つまり「逃げ場がない状態＝ピンチ」です。

こんな状態を**お気楽に「それはチャンスだ、がんばれ」などと言われても、「いやいや、このピンチに対して僕らがこれまでどれだけのことを考え、やり尽くしてきたことか、わかっていますか？」「ピンチはピンチです！」と相手からにらまれても当然です。**

⃠「ピンチはチャンスだ」の理屈

「ピンチはチャンス」の理屈は、「ピンチに陥ったのはチャレンジの結果だ。これで１つの選択肢がダメだとわかった。だから別のチャレンジをすればよい（チャンスだ）」です。エジソンも「私は失敗したことはない。うまくいかない方法を何百通りも見つけただけだ」と、極めてポジティブな言葉を残しています（常人には達し得ない楽観の境地）。

「ピンチ＝チャンス」の理屈としては、ほかにも「ピンチこそ能力開発の場。次の機会にその能力を発揮できるからチャンスなのだ」、あるいは「ピンチのときには、最後の最後まで守るべき『本当に大事なもの』が明白になる。そのあとの指針とするべきことが見つかる。だからこれはチャンスなのだ」などとよく言われます。

ピンチの最中にいる、経験のない若者に通じるか？

これらの理屈は、ある程度の経験を持つ私たち上司世代にとっては「確かにそうだな」と思えます。過去を振り返れば「あのときピンチだと思っていたことが契機となって、今のこの良い状態があるんだな」という「ピンチはチャンス」の実例体験はいくつも思い浮かぶことでしょう。

しかし、それをまだ経験の浅い若者たちにそのまま言ってしまうことには問題があります。私たち自身も、最終的にそう思えるようになる以前に、「深い絶望に陥り苦しみもがいた経験」があったはずです。それを「喉元すぎれば熱さ忘れる」で、すっかり忘れてしまっているのです。

「ピンチ→苦難→チャンス」という実体験のうち、「苦難」を忘れて「ピンチ→チャンス」

と言うことは、今どん底にいる人に対し、先に底から登り上がった人が涼しい顔で「早くこっちに上がってくればいいのに」と言っているのと同じことです。相手の耳には憎々しく届くだけでしょう。

ポジティブになるには、いくつものプロセスが必要

人が生きている中で受け入れがたい出来事（死、失恋、不合格、失敗など）に遭遇したとき、その精神的なピンチから抜け出すプロセスを、エリザベス・キューブラー＝ロスという米国の精神医学者は「悲しみの５段階」と名づけ分析しました。

まずは**【①否認】**…自分のその状態を認めず、ウソだと信じる段階です。「ウソだ、彼が私を騙すはずがない！」。次にそれが本当だとわかると、**【②怒り】**…なぜ自分がそんな目に遭うのかと激昂します。「何で私がこんな目に！　あいつは人間として最低だ！」。強い怒りに疲れてくると、いつしか**【③取引】**…何とかできないかとジタバタする、という段階にきます。「いや、私のほうがもう一度彼にこう言えば、事態は変わるかもしれない……」。そしてもう何をしてもダメだとわかったあと、やっと**【④絶望】**…「自分にできることはもう何もない、何をしてももう元には戻らない」と思い知り、その人の精神は抑

うつ状態に入ります。「もう……絶望だ」。苦しみのどん底です。

①から④、ここまでの高低の激しい精神状態の波の中を進み、この段階を順番に経てやっと、最後の**【⑤受容】**…自分の状況を受け入れて「もう前を向いて歩いて行くしかない」とポジティブになることができるのです。「わかった、彼に騙されたおかげでいろいろなことが理解できた！　もう眠れない夜をすごすことはない」。

⊘まずは、しっかりと「絶望」に寄り添う

このプロセスの興味深いところは、最終的にピンチをチャンスと思えるようなポジティブな心境になる前に、一度徹底的に絶望を味わわねばならないということです。

ピンチに陥った人とは、希望を失った人です。それを認めて前に進むためには、右に述べた感情の段階を一歩一歩進んで行かなくてはなりません。ですから、**上司が部下にしてやれるのは、その「絶望」の状態を見守り寄り添って、共感や理解を示してやることです。**「ピンチはチャンスだ」などと短絡的なことを言うのではなく。

もちろん「ピンチはチャンスだ！」と鼓舞することがすべて悪いことだとは言いません。

が、まずは、そのような危機的な状況に陥ってしまったことに対して、ただ部下と一緒に悲しみにくれてみてはいかがでしょうか？　**叱責よりも激励よりも先に「これ、大ピンチだね。何でこうなるかな」「本当に辛いよな」と静かに共感する。**

適切な時間と距離感で寄り添い続けることで、部下もその後「でも、もうどうしようもないですね」「起こったことは仕方ない。前向きにがんばります」「これを教訓に、次はもっとうまくやります！」などと気持ちを変化させてくれるはずです。

上司になるような人は問題解決志向が強く、先を急ぎたがります。しかし、「急がば廻れ」という先人の知恵も、こんなときにこそ再認識してみるとよいでしょう。

まとめ

- 経験の浅い若者たちに「ピンチはチャンス」と、そのまま言ってしまうことには問題がある。
- ピンチから立ち直るには一度徹底的に絶望しなければならない。
- ピンチに陥った部下を鼓舞するのではなく、あえて静かに共感し、本人が自ら立ち直るのを見守るのも1つのやり方。

NG ワード 06

「これからはダイバーシティが重要だ」

DATA

不信度	★☆☆
嫌われ度	★☆☆
バカにされ度	☆☆☆

役に立つから重要なのではない

世界にはさまざまな民族や人種があり、男女やLGBTQなどのジェンダーがあり、多種多様な考え方があります。裕福な人もいれば貧困にあえぐ人もいる。脳や身体に特性を持つ人もいる。世界にいる人の数だけ違いがある。かつてはその「違い」の一部が忌み嫌われたり差別を受ける原因となったりもしていましたが、今ではそういった世界の多様性のことを「ダイバーシティ」と呼び、尊重するべきとする考え方がしっかりと世に定着しています。

しかし、近年の企業におけるダイバーシティの扱われ方については、私はやや違和感を持っています。違和を感じるのは、「組織の創造性や変化対応能力を上げるために、ダイバーシティは重要なのだ」というような言説を聞いたときです。

ダイバーシティは「会社や組織にとって良い効果があるから」「何かの役に立つから」という理由で重要なのではありません。「ただそれが世界の現実だから」受け止めるべきものなのです。

もし、創造性に貢献しなかったら？

いや、企業や組織が何か思惑を持ってダイバーシティを利用するにしても、結果的にそれが前進するのならば、世の中はいろいろな人にとって住みやすいものとなる。それはそれで素晴らしいことじゃないか——という意見もあるでしょう。しかし、いずれの形にせよダイバーシティの重要性を「良いことがあるからだ」と言いすぎるのは、逆効果の場合もあるのではないかと私は考えています。

実際のところ、行動科学などの領域で、ダイバーシティの度合いの高低と組織の創造性や生産性などの関係についてさまざまな研究がなされていますが、その結果は一貫性がなく、必ずしもダイバーシティの高さが創造性を生むとはいえないようです。

たとえば、**チームワークが重視される仕事では、ダイバーシティが低い、つまり同質性が高いほうが効率的**であるというようなことです。

ダイバーシティが高いと、普通は「しんどい」

さらに言うならば（今の世の中ではこういうことを述べることだけでも憚《はばか》られたりしますが）ダイバーシティが高いこと自体は、普通の人にとって実は「しんどい」ことです。

多くの人は、自分に似ていること、つまり同質性を求めます。心理学でも「類似性効果」といって、自分と似ている人に好意を持つ傾向があることが知られています。この理由は簡単で、**異質で価値観の違う人が隣にいることは、コミュニケーション・コストのかかることだから**です。

意見の対立をすり合わせたり、自分の利益を捨てて譲歩したり、さまざまな調整が必要となります。要するに「しんどい」。そういった「しんどい」ことを推進するにはそれなりの動機づけが必要なわけですが、それが「役に立つから」でよいのでしょうか？

イヤでも大変でも推進すべきなのが「ダイバーシティ」

ダイバーシティを推進する根拠を「役に立つ」とするならば、皆はその結果を求めることになるでしょう。

管理職の女性比率を上げるのはそのほうが「役に立つから」「新しいものを生み出すから」「創造性が高まるから」だといわれて登用された女性管理職は、強いプレッシャーを受けることになります。それで潰れてしまったり、成果を出せなかったりすれば、人はダイバーシティを推進することに疑いを持つことになるでしょう。

そうではなく、冒頭で述べたように、ダイバーシティを高めることは「それが世界の現実であるから」大切なのです。**役に立つ／立たないではなく、少数派の存在を認めること、異質さを認めること自体に大きな意味がある**のです。

期待しないほうがダイバーシティは効果が出る

聖人君子のようなきれい事を言いたいわけではありません。逆説的ですが、ダイバーシティに効果を求めないほうが、結果として何らかの効果が出ると思うのです。

男女は世界に半々だから、いろいろな場で男女が半々であるのは「普通」。男性だけ、女性だけと偏りがあるのは、何らかの特別な理由がある場合以外は「おかしい」。それくらいの期待感でダイバーシティを推進するほうが、過大な期待感を背負わされることなく、異質な人や少数派やこれまで差別的な扱いを受けてきた人たちが伸び伸びと活躍できる土壌ができるのではないでしょうか。

多様性を「理解しよう」「認めよう」と大上段にかまえるよりも、ただその現実について「慣れよう」程度の立ち位置でいたほうが、よりスムーズに世界は変わっていくと私は思います。ダイバーシティが何を生み出すわけでなくとも、むしろコストがかかることであっても、ただ「ダイバーシティはそれ自体が大切だから推進する」としたほうが、人々の支援行動も自然に生まれることでしょう。

⊘ダイバーシティに効果を求めるならやめてしまったほうがよい

ここまでにいろいろなことを述べてきましたが、結局のところ私は、ダイバーシティの推進は最終的に良い効果を組織にもたらす（つまり「役に立つ」）と考えています。

しかし、その効果をすぐに求めなければならないほど**余裕のない会社ならば、いっそダイバーシティ推進などやめて、「うちはこういう会社だ」と強く文化アイデンティティを打ち出し、ある意味「排他的」な会社になったほうがよい**とも考えています。そのほうがマネジメントやコミュニケーションのコストは減り、事業推進力も向上する可能性が高まります。

その中で売り上げを出し、利益を上げて、税金を払うことで社会貢献すればいいのです。そしてそのうち十分成長して余裕ができてから、ようやく「多様な世界」という現実を受け入れる場としての責任も果たすようになればよいのではないでしょうか。

まとめ

- ダイバーシティが高いことは、コミュニケーション・コストが上がるということなので、実はしんどい。
- ダイバーシティに効果を求めないほうが効果が出る可能性が高い。
- 会社に余裕がなければ無理してダイバーシティを推進する必要はない。

column

世代論はどこまで有効か

「新人類」という言葉をご存じでしょうか？　ある世代を指す言葉として使われていたものです。その特徴は「組織よりも個を重んじ、自分の好きなことを重視する」「社会への関心は少なく割と従順」「マニュアルを求めてそれに順応しやすい」「ゲームやアニメ、アイドルなどのサブカルチャーが好き」です。さて、これらは今の若者にも当てはまる部分も感じませんか。種明かしすると「新人類」とはおおむね1955～1964年に生まれた世代のことで、すでに全員還暦を超えています。このように世代が違っても似た部分は意外に多いものです。博報堂生活総合研究所の調査でも日本は世代間の価値観の格差がどんどんなくなっており、これを「消齢化社会」と呼んでいます。これからは世代の差よりも個人差のほうが大きくなっていく時代ともいえます。世代論で大きな傾向を捉えながらも、目の前の1人の若者をきちんと見て対応していくことが重要になっています。

第2章

「この人の仕事のやり方はまどろっこしいな……」

と思われてしまう残念な上司の言葉

NG ワード 07

「仕事が終わるごとに逐一報告してね」

DATA

不信度	★★☆
嫌われ度	★★★
バカにされ度	★☆☆

姿が見えていないと不安になる?

コロナ禍に見舞われ、テレワーク化が意図せぬスピードで進んだことによって、上司から部下の行動が見えにくくなってしまいました。これまではリアルな職場で机を並べ、いつも部下の姿が視野に入った中で仕事をしていたのが、突然ＰＣの画面越しにしかコミュニケーションが取れなくなったわけです。

相手が見えなくなれば、人は不安になります。オフィスでの仕事では、顔を合わせてまとまった話などせずとも、部下それぞれの何気ない言動を見ながら、また部屋を出入りしている様子などから、その様子をうかがい知ることができました。しかしテレワークでは、それは叶わぬことです（こんな何気ないことが重要だったとは気づかなかった、という方も多いのではないでしょうか）。

上司は部下の行動や成果、育成に責任を負っているため、部下のことを知らないわけにはいきません。ですので、テレワークでも部下の状況を細かく知ろうとします。知らずにいることが、不安にもなります。そこで、いかにして部下の様子を細かく知ることができるか、さまざまな工夫がなされました。

⃠ オフィスを再現しようとするのは評判が悪い

テレワークが取り入れられた最初期、各社それぞれに戸惑う中、「リアルなオフィスの状態を再現すればいいのではないか」ということで、Zoomなどのオンライン会議システムを「常時」接続するなどした会社がありました。

しかし、それはＳＮＳなどではかなりの悪評を受けることとなりました。プライベートな空間である自宅に、オフィスというパブリックなものが侵入してくるようなものです。上司が家に上がり込んで来ると思えば、部下がイヤがるのは理解できます。

似たような例に、着席・離席をリアルタイムで申告させたり、ＬＩＮＥなどで頻繁に「今何してる？」と連絡したりして、何とかオフィスと同様の情報量を取ろうとする動きもありました（「マウスが動いているかどうか」を判定・監視するシステムを採り入れた会社もあるとも聞きましたが、これはさすがに冗談だと信じたいものです）。

つまるところ、「テレワークにおいてオフィス勤務と同じ環境を再現する」ことは、土台ムリな話だったのです。

またテレワークにすると、どうしても上司側には「仕事をサボるのではないか？」という疑念が湧いてしまいます。そこで出てくるのが、冒頭の「仕事は逐一報告しろ」という言葉です。実のところ、**テレワークなどのオンライン・コミュニケーションはリアルなコミュニケーションよりも効率が悪く、そのためにかえって「コミュニケーション・コスト」がかかってしまう**ことがあります。

オフィスならば隣にいる同僚に一言声をかければ済んだことが、いちいちＬＩＮＥやメールなどで確かめなければならなかったり、廊下の立ち話で済んだはずのことが、日時を合わせた上でのオンライン・ミーティングと化したりします。サボるどころか、そんな面倒な中でさらに「仕事は逐一報告するように」などと強要されては、イヤがられるのも無理はありません。

🚫「最中」「事後」ではなく、「事前に」具体的な指示を出す

リアルオフィスで仕事をしていた頃、上司たちは「事後型」でマネジメントをしているケースが多かったのではないでしょうか？

ここで言う「事後型」とは、最初の指示は曖昧にしておき、途中途中の部下の様子を観察しながら、うまくいかなさそうな場合、事後に助け舟を出すというやり方です。が、それと同じことをテレワークでしようとしたので、「途中経過を観察する」ことが、まるで「監視する」かのようなことになってしまいました。

オンラインで仕事をする以上、常時観察するのは不可能だと観念すべきです。そして、マネジメントを「事後型」でなく「事前型」にするのです。つまり、次に起こり得る問題を事前に想定した上で、最初の指示を明確で具体的なものにしておく、ということです。

🚫部下に任せる仕事の本質を理解していたかどうかが問われる

この「事前に明確で具体的な指示を出すこと」ができるかどうかが、テレワークで部下をマネジメントできるかの肝です。上司自身が、これまで部下に任せていた仕事の本質を

きちんと理解していたかどうかを問われているといってもよいかもしれません。明確な指示が事前に出せる上司であるならば、いちいち細かく部下の状況を把握する必要はなく、節目節目で報告を受ければよいだけです。

逆に、自分でもよくわかっていない仕事を部下に丸投げして、トラブルが起きてから対症療法的に動くというようなことを続けてきた人は、事前に丁寧な指示を出せません。そうではなく、テレワーク時代のマネジメントは「最初に明確に指示して、あとは信じて任せる」です（もちろん「事前型」マネジメントはリアルな場でも有効です）。

🚫「やってみせる」ができないなら「言葉にする」しかない

「上司」として部下の管理まで任されているような方は、現場にいた頃、ある意味「スタープレイヤー」であったはずです。しかし、**「できる」ことと「やっていることを認識している」こととは違います。**自転車に乗れるからといって、乗り方を言葉だけできちんと説明できる人はほとんどいません。むしろ、スタープレイヤーであればあるほど、何事も無意識ですらすらとやってしまえることが多く、だからこそ自分でやっていることを言葉で説明するのが下手な人も多いものです。

それでもリアルなオフィスなら「自分がやってみせる」ことで部下に仕事を教えることができました。それがテレワークで難しくなったとき、上司の皆さんが新たになすべきことは、部下を細かく観察することでも、事後になって後始末をすることでもありません。事前に仕事を言語化して明確な指示を出すことです。

必要なのは、「最中」や「事後」を見るのではなく、最初から**「上司自身がその仕事の内容を理解し、言語化し、指示する」**という「事前型」のマネジメント能力である――これが、コロナ禍のテレワークで私たちが得た教訓です。

まとめ

- オンラインで仕事をする以上、部下の行動を常時観察するのは不可能。
- 今、上司に求められるのは「事前に明確で具体的な指示を出すこと」。
- 「事前型」のマネジメントをするには、上司自身が仕事の本質をきちんと理解していることが必要。

NGワード 08

「わからなかったら遠慮なく聞いてね」

育成は「やらせる」か「教える」か

会社員の役割のほとんどには、上司として部下を育てることが含まれています。この「育成」については、「仕事をアサインしてまずはやらせてみる」という方法もあれば、「最初から事細かに教える」という方法もあります。

時間に余裕がある場合や、失敗してもリカバリーできる仕事などは、「教えない」で「やらせてみる」ということもあるでしょう。リスクを背負ってでも一度は自分だけでやってみることでしか獲得できない能力（判断力など）も確かにあります。

しかし、この**現代の「働き方改革」&「グローバル大競争時代」において、そんなにのんびりと相手の成長を待つような育成が許されるケースはなかなかありません。**

DATA

不信度	★★☆
嫌われ度	★★☆
バカにされ度	☆☆☆

本当は部下に試行錯誤させてやりたくても、そんな時間はなく、効率的にすぐに成果を出してもらわないといけないので、最初からきちんと「教える」ことが多くなっているはずです。本来ならば、かの山本《やまもと》五十六《いそろく》が残した「やってみせ 言って聞かせて させてみて 誉めてやらねば 人は動かじ」という言葉の通り、ただ言葉で教えるのではなく、その前に上司側が「やってみせ」ることから始め、「言って聞かせて」（つまり言葉で教えて）、最後に「させてみて」という流れが一番良いのでしょう。しかし、時間がないのですから仕方がありません。言葉で教えるしかありません。

教える人に必要な能力、「言葉にする力」の難しさ

言い換えれば、これからの時代は以前よりも「言葉を用いて説明する力」が育成能力に大きな影響を与える、ということかもしれません。

ところが「言葉だけで」という制約条件つきで人に何かを教えるのは、なかなか難しい。説明したいことを示す的確な言葉を使えるほどの語彙力を身につける必要があるのはもちろんのこと、野中郁次郎先生のＳＥＣＩモデル的に言えば「暗黙知の形式知化」を行なわなければならないからです。

プロは自分がプロである理由をうまく説明できません。なぜなら、多くのことを無意識にやっているからです。これを「暗黙知」と呼びます。日本人の私たちが日本語文法を意識しないまますらすらと話せるのも「暗黙知」です。こうした個人の経験や勘、コツなどの言語化しにくいものを言語で説明できるようにする、それが「形式知化」です。

時間が限られている以上、それがどんなに難しい仕事であっても、私たちが常に部下に対して手取り足取り教えてやることはできません。**可能な限り、文章や計算式、図表などに落とし込み、それらをマニュアル化するなどの工夫が必要となってきます。**

⊘多くの上司が「言葉にする力が弱い」理由

今、上司という役割にある人は、評価され昇進を重ねてそうなったわけですから、過去にはその担当業務においてスーパープレイヤー＝プロであった人が多いことでしょう。しかし、「名選手必ずしも名監督ならず」という言葉の通り、自分がプロであったからこそ、他人に教えることが下手だというケースはよくあります。プロは常に「暗黙知」によって行動しているからです。

たとえば、アンケート調査を作成するとして、その質問項目をどんな手順で作っていくのか、自分ではサラッとできたとしても、言葉できちんと説明できる人は多くはありません。「なぜその質問文にしたのか」「その質問数でよいのか」「領域は必要十分なのか」「記述式なのか選択式なのか」「選択肢の数や記述枠の大きさはそれでいいのか」など、決定しなくてはならないことは山ほどありますが、的確な言葉にして説明できる人はどれだけいるでしょうか？

説明しようとしてもそのための語彙力がなかったり、自分が無意識でやっていることを言語化することが苦手だったりと、なかなかうまくいかないものです。

🚫 多くの上司が「言うこと」と「やること」が違う

その結果、部下の皆さんがいつも嘆いているように、世の中の上司は「言っていることとやっていることが違う」ように見えてしまうわけです。「言われた通りにやったのに、うまくいかなかった」「むしろ、『なぜこんなことをしたんだ！』と怒られた」「『こうすればいいだけだろう』と言われたが、最初はそんなこと言っていなかった」などはグチの定番です。それを「上司の悪意や意地悪」だと捉える人も多いものですが、実は悪気などなく、単に「言葉にできない」のです。「言っている」側は、自分は実際にそう「やっている」

と思っています。「自己認知の不足」だともいえます。

「言葉にできる」ように繰り返し「言葉にする」

では、そんな言行不一致な上司にならないためにはどうすればよいでしょうか？

残念ながら、魔法のような解決策はありません。ただただ「言葉にする経験」を積むしかありません。**部下に仕事を教える際に、できるだけ具体的かつ詳細に「言葉にする」ことを何度も繰り返すことが、自分の言語化能力を高めるための唯一にして最も有効な方法です。**

本当はある程度手順化できるにもかかわらず、「ここらへんは感覚でいいから」と言葉にする努力を放棄してしまったり、「こんな感じにしてほしい」とゴールだけ示して、どのようにアプローチするのかを教えなかったり、というようなことを続けているならば、いつまでたっても言語化能力は高まりません。

その場でわかるまで教えましょう

そういった意味からも、今後は上司が部下にものを教えるとき、もったいぶらずに最初から全部の工程や手順を細かく教えるべきです。ざっくり教えて「わからなかったら聞いて」は、もう通用しなくなっているのです。

何度も細かい説明を重ねていくことは面倒くさいと感じられるでしょうが、一度言葉にすればそれは残しておけますから、ほかの人に教えるためにも使えます。また、もしかしたら、言語化の過程で自分の言行不一致に気づくかもしれません。そう考えれば、言葉にする作業に時間を使うのは、部下にとってはもちろん、上司自身にとっても決してムダではないはずです。

まとめ

- 現代は「やってみせ 言って聞かせて させてみて 誉めてやらねば 人は動かじ」（山本五十六）は通用しない時代。
- これからは「言葉を用いて説明する力」が部下育成における必須スキル。
- 部下に仕事を教えるときは、最初から全部の工程や手順を細かく教えるようにする。

NG ワード 09

「先に帰っていいよ。あとはやっておくから」

部下の負荷を減らしてやっているつもりなのに

この「働き方改革」時代において、部下に仕事をさせすぎる上司は「無能」というレッテルを貼られてしまうリスクがあります。スケジューリングやタスクの割り振りなどのプロジェクト・マネジメント能力や、部下の能力をきちんと見立てて適材適所を実現するアサイン能力などが足りない、と思われてしまうからです。

上からも下からもそうみなされないように、最近の上司たちは必死です。部下の残業時間を減らすために、自分が部下の仕事を引き取ってやってしまうというケースが多く見られるようになりました。負荷を減らし、サポートしてやっているわけですから、感謝されてもいいはずなのですが、実はどうも若手部下からの心証は良くないようです。

DATA

不信度	★★☆
嫌われ度	☆☆☆
バカにされ度	★☆☆

任せるのか、任せないのか

パナソニック創業者の松下幸之助氏は、マネジメントの要諦は「任せて任せず」だと言っていたそうです。まず、上司たるもの、部下に仕事を与えるとき、もしも経験や実績がなかったとしても、その長所を見て潜在能力を信頼して大胆に仕事を任せる。そうすることで人を育てるのが、上司の役目である。

一方で、**任せっぱなしでは良くない。常に部下を観察し続けて（「監視」ではないことに注意してください）、危ういときにはすかさず助け舟を出すことが必要。これが「任せて任せず」の意味するところです。**とはいえ、理屈としてはよくわかりますが、実際に行なうにはどこまで任せたらいいのか、その「線引き」が難しいところです。

「線引き」を誤るとどうなるか？

部下の能力やキャパシティを見誤って、過重な仕事を任せすぎてしまうことのリスクはわかりやすいと思います。部下がオーバーヒートしてしまい、仕事が立ち行かなくなるだけです。一方、そういうことを恐れるがあまり、一度任せた仕事を早く引き上げすぎても部下が成長するチャンスを奪うことになります。

上司としては、かわいい部下に失敗はさせたくないということかもしれません。が、**仕事を途中で取り上げられた部下としては、「自分を信じてくれていないのだ」と思ってしまいます。**最近の若者は周囲からの承認欲求が強い人が多いため、「あとはやっておくから」と仕事を取り上げられてしまうことは、想像以上にダメージを与えてしまいます。

🚫誰が仕事のコントロールをするのか？

このように、仕事の任せ方、引き取り方の「線引き」はとても難しいものですが、ではどうすればうまい具合にできるのでしょうか？

それは、「部下自身にコントロールさせる」ということです。自分のキャパシティをいちばんよくわかっているのは自分自身です。上司が推定して仕事を任せたり引き上げたりするのではなく、部下が自分自身でアラートを出したり、もう少しがんばると宣言したりすることをしやすくする。その状態こそが、最も適切なバランスなのではないでしょうか。

そして、この状態を作り出すことが、上司の仕事です。

しかし、言うは易く行なうは難し、です。セルフコントロールは簡単にできるものではありません。どうすればできるようになるでしょうか？

セルフコントロールの前提は「自己認知」

まず、セルフコントロールに必要な要素は、部下が自分自身を理解していること、つまり「自己認知」ができていることです。できていないのにできていると思っていては、適切に自分がこなせる仕事量やレベルがわかりません。長い時間をかければ仕事を通じて試行錯誤をしていくことで、自分のだいたいの力量はわかるものですが、「働き方改革」時代ではなかなかそういう時間をかけることもできません。

そこで上司の出番です。**上司が部下の見立てをきちんとフィードバックしてやることで、部下が自己認知を高めるサポートをする**のです。特に、まだまだ成長途中の若い部下であれば、弱点をきちんと告げてやる必要があります。

弱点を「うまく伝える」力が必要

そうはいっても、日本人は直接的なネガティブ・フィードバックを世界で最も嫌う民族だといわれています。相手が自己認知を高めてセルフコントロールできるよう、善意をもって弱点を告げているのにもかかわらず、その意図を理解してもらえず、嫌われて信頼を失っては元も子もありません。

ここで上司に必要なのは「受け止めやすいよう、上手に自分の弱点を悟らせる」力です。人格を否定されたと感じさせることなく、改善すべき行動を具体的に示すことが大切です。たとえば**「あなたはこうなるべきだ（Ｙｏｕメッセージ）」といって突き放すのではなく、「僕はあなたにこうなってほしいと期待している（Ｉメッセージ）」を使う。**言い方を反転させるだけで、聞いたほうの捉え方も違ってきます。

同様に、「唐突に断言したりはせず、質問を投げかけて自分で考えさせる」「問題が生じたときに、すぐに上司側からフィードバックをする」などとさまざまな手法があります。

最大の壁は上司自身の「気おくれ」

このような「上手に伝える」スキルを持つことはもちろん大切なのですが、スキルさえあれば部下にネガティブ・フィードバックがうまくできるというものでもありません。実は、最後の関門は上司自身がネガティブ・フィードバックを躊躇する気持ちなのです。「部下から反論されないだろうか？」「モチベーションを下げてしまわないか？」「気まずい関係にならないだろうか？」「自分も完璧ではないのに」という気おくれです。

この壁を越えられずに、部下へのフィードバックを避け、挙げ句の果てに部下から仕事を取り上げて自分でやってしまう——それでは結局部下の信頼は得られないのも当然のことです。

まさに「嫌われる勇気」という言葉の通りですが、**部下が自律できるようにするためには、上司が自分の壁を破り、勇気を持って部下にネガティブ・フィードバックができるかどうかにかかっているのです。**

まとめ

- 部下から、中途半端な形で仕事を取り上げると「自分を信じてくれていないのだ」と思われてしまうリスクが高い。
- 部下が自分からアラートを出したり、もう少しがんばると宣言したりできるような状態にする。
- 部下が受け止めやすいように「上手に自分の弱点を悟らせる」。

NG ワード 10

「ITツールは苦手なんだよね」

デジタル・ネイティブどころか今やソーシャル・ネイティブの時代

今の20代、特に20代前半から下の世代は、アメリカで広まっている世代名称では「Z世代」（おおよそ1995〜2009年生まれ）と呼ばれています。ちなみに、その前がY世代（1975〜1994年生まれ）、そしてその前が私も属するX世代（1960〜1974年生まれ）です。

Y世代は物心ついた頃からデジタル機器に触れているので「デジタル・ネイティブ」、Z世代はさらに、中高生時代にすでにスマートフォンを持っており、インターネットやSNSなどのソーシャルメディアが当然のように身のまわりにあったことから「ソーシャル・ネイティブ」とも呼ばれています。

DATA

不信度	★☆☆
嫌われ度	★★☆
バカにされ度	★★★

ITリテラシーが低いだけでは嫌われることはない

さて、そんなデジタル・ネイティブ、ソーシャル・ネイティブである若い世代は、ITリテラシーの低い上司世代について、どう感じているのでしょうか？

どんな能力においても、できない人を見下す人はいるものです。英語が話せる人は話せない人を、数字に強い人は弱い人を見下し、忌み嫌うこともあるでしょう。

ただ、誰にも得意・不得意はあって当然ですので、単純に自分が持っているものを持っていないというだけで相手を見下したり、嫌ったりする人はそうは多くはないはずです。

むしろ、自分も完璧ではないくせに、自分が得意な領域だけで人を評価する人間など、本人の思い上がりは見透かされ、周囲からは軽んじられていることでしょう。

ITリテラシーの本質がわかっていないのが「ムカつく」

つまり、ITに弱い上司が部下から嫌われるとすれば、それはITリテラシーの低さ自体ではないのです。では何か？　いくつかの嫌われるポイントがあります。

まず１つは、**自分がITに弱いことを「たいしたことない」「仕事の本質ではない」と**

考えていることです。仕事とは問題解決や創造性の発揮などであり「ＩＴはツールにすぎない」というような主張です。若手は、そういったことを言われた時点で「ＩＴの本質が理解できていない」と、そっと上司の評価を下げます（彼らがよく使う「ムカつく」という言葉でもよいでしょう）。

加えて、その主張はそもそも間違っています。なぜならば、ＩＴリテラシーを高めることで、問題解決力や創造性は高まるものだからです。「ＩＴはただのツール、仕事の本質ではない」というのは認識違いであると自覚するべきです。

今どきはだいぶ少なくなったと思いますが、たとえばＥｘｃｅｌをいまだに表の清書ツールだと思っているとすれば勘違いも甚だしいことです。Ｅｘｃｅｌはデータ分析を行ない、問題を発見し、解決策を見出す作業をする「場」です。むしろＥｘｃｅｌなしでどうやって相関を調べたり、データから傾向を発見したりするのでしょうか。頭の中で複雑な演算を多数併行して走らせることができる異才でもない限り、逆立ちしても無理です。普通の人の認知の限界を超えています。

ところが、ＰＣのパワーを使えば、動物としての人間では実現できない問題解決力や創造性を得ることができるのです。

非効率を押し付けてくるのが「ムカつく」

２つ目の「ムカつき」ポイントが、**昨今の働き方改革により「効率的に働き生産性を向上せよ」と言ってくるのに、正反対の非効率を押し付けてくる**ところでしょう。

たとえば、チャットツールやメールすら使わずに、頑《かたく》なに電話ばかりを使う（今や「電話は突然相手の時間を奪う失礼な手段」というのが常識）。紙の手帳でしかスケジュール管理をしない、クラウドストレージを使わない（皆で情報を共有できません）、どんな書類も印刷しないと気が済まない（一度読んだら終わりなので紙のムダです）。

組織のハブである上司のＩＴレベルに合わせ、組織全体の効率は下がります。それでいて、「早く帰れ」「残業するな」と言えば「お前のせいなんだよ」と皆が思うのは当然のことでしょう。

向上心のなさが「ムカつく」

最後にもう1つ、もしかするといちばん嫌われるポイントを挙げます。それは、向上心のなさ、成長意欲のなさです。20代にアンケートを取ると、会社や仕事を選ぶ理由として常にトップクラスなのは「成長できるかどうか」です。それぐらい若者は、成長することを重視しています。

ですから逆に、成長しようとしていない人に対しては、軽蔑すら感じることがあるかもしれません。**ＩＴリテラシーが低い上司でも、少なくとも何とか改善しようとする姿勢が見えれば許せるのですが、できないことを開き直り、挙げ句の果てにはＩＴリテラシーを過小評価しているのは、許せはしないでしょう。**

最低限、理解とリスペクトの努力をしましょう

組織は適材適所ですから、ＩＴリテラシーの低い上司が非常な努力をして、若手並みになれということではありません。各自の強みを活かし補い合いながら、組織全体としてうまくいけばよいのです。

しかし、その際に必要なのは、できないことをできる人、つまり自分を補ってくれる人に対する理解とリスペクトです。若者の使うＩＴ用語ぐらいは理解し、会話はできるようになる。さまざまなＩＴツールの存在意義や利用価値を理解し、使うべきときには部下の力を借りてでも使う。

素直にわからないことはわかる人に任せ、自分は任せたことの責任を取る。そうすれば若者は自分を重要視してくれていると感じて、がんばってくれます。そして、そういう上司は少なくともイヤがられることはないはずです。

とはいえ、やはり努力は必要です。ZoomやSlackなどの基本的な操作くらいは覚える最低限の努力をしておかないと、若手には確実に「使えない上司」と認定されてしまいます。

まとめ

- 組織のハブである上司のＩＴレベルが低いと、組織全体の効率は下がってしまう。
- ＩＴリテラシーが低いことを開き直ったり、過小評価しない。最低限のことは身につけておく。
- ＩＴツールの存在意義や利用価値を理解し、使うべきときには部下の力を借りてでも使う。

NG ワード 11

「自由にやっていいからね（まず好きなようにやってみて）」

コロナ禍の影響で、図らずも「働き方改革」が進んでいる

2019年の年末に突如始まり、3年以上かけて徐々に収束に向かった未曾有の「コロナ禍」。これによって、リモートワーク（在宅勤務など）が急速に浸透した（するしかなかった）ように、それまでその必要性が声高に叫ばれていたにもかかわらず遅々として進まなかった「働き方改革」が、半ば強制的に実現することとなりました。

時間にとらわれない成果重視の働き方。ムダな会議の減少。「あうんの呼吸」から「明確なディレクション」へのシフト。OKR（Objectives and Key Results）的に大まかな方向性だけを握って自発性に任せていくようなマネジメント。これらの「どうすれば実現できるのだろう?」と議論をしながらも結論の出ないままでいたものが、すべて一気に、考

DATA

不信度	★★☆
嫌われ度	☆☆☆
バカにされ度	★☆☆

える猶予もなく「やらなくてはならないもの」と化してしまったのです。そして突如、これまで理想としていた「働き方」が実現したようにも見えます。

しかし、この状態は手放しで喜べるものでもありません。**そもそもリモートワークをはじめとした各種の「自由な働き方」を実現するには、高いマネジメント能力が必要**です。そのために皆が苦労して議論していたわけです。準備もなく突然実行してもうまくいかないのは当然です（それでもしなければならなかったわけですが）。

この渦中にあっては、経営者やマネジャーたちは必要なマネジメント能力をがんばって身につけなくてはなりません。が、そんなものは急に身につけられるはずもありません。ということは、現状は、自動車免許を持たない人々が突然公道に出てしまったような状態だということです。いつどこで事故が起こってもおかしくない状態です。

⃠すでに「コロナ鬱《うつ》」なる現象も出始めている

実際に、わかりやすい例として、在宅勤務が長引く社員たちがストレスで「コロナ疲れ」「コロナ鬱」なる状態になったという話も聞くようになりました。最初こそ「通勤地獄がなくなった」「もっと早くやっていればよかった」と楽観的な「リモートワーク万歳！」論が主流でしたが、すでに今は「リモートワークって実は結構辛いよね」という声も漏れ聞こえてくるようになっています。

これはリモートワークが悪いのではなく、上述のようにリモートワークに必要な能力をマネジャーたちが身につけていないままに実施してしまったことからきたものです。ワンフロアに人が集まり、互いに顔を合わせることのなくなったリモートワークでは、メンバーをマネジメントしにくくなる。そのため安易に「もう自由にしてもらおうか」とマネジメントを放棄してしまったケースがあちらこちらで生じました。

どんな変革も最初は「変革コスト」がアドオンでかかる

実際に話を聞くと、ゴールだけ設定して「あとはよろしく」「自由にやっていいからね」とし、アウトプットだけを見ている放置状態になっていることが多いようです。マネジャー側は「皆、そもそも自由になりたかったんだよね」「リモートワークだから手出しできないし」「だから、自分でがんばって」という言い訳ができたともいえます。

しかし、これは違いますよね。最終的には効率的になるやり方でも、新しく導入する際には、現行のやり方を進めながらそれと併行して、徐々に、慎重に、新しいやり方に変えていくなどのダブルコストが生じるものです。変革にはコストが必要なのです。ですから、意図せず突然スタートしたリモートワークなどの場でこそ、マネジャー陣はよりいっそうパワーをかけていなければならないものなのです。

それをせずに、「背景はともかく、君たちが欲しいものが手に入ったよね」と「ホワイト」なマネジャーぶるのは筋違いです。責任放棄だ、とさえいえるでしょう。今は、まだ補助輪なしの自転車にチャレンジし始めたばかりの子どもに対するように、**むしろリアルな場で仕事をしていたときよりも、ブラック的な超マイクロ・マネジメントをしながら、ずっと横について様子を見て、徐々に手を放していくという段階**です。

部下に煙たがられるぐらいにかかわりを持ち、大丈夫だと見届けてから、ようやく本当のホワイトなマネジメントに移ることができるのです。そうではない、現状の放置マネジメントはホワイトではなく透明なマネジメント、つまりマネジメントが「ない」ということになります。

🚫 まずは徹底的に「型」にはめよ

熟達化についてのさまざまな研究では、新しいスキルを身につける過程として、昔から日本の伝統芸能などで使われてきた「守破離《しゅはり》」という言葉をよく見かけます。まずは既存の型を徹底的に「守る」。その上で徐々に自分らしくその型を修正していき（「破る」）、最終的には自分の「型」を確立して、既存の型から「離れていく」。

部下を育成するときも、この3ステップを意識させるとよいとされています。

それでいえば、リモートワークは多くのビジネスパーソンにとって、まだまだ「守」の段階であるのは明白です。ここで「自由にやって」と突き放してはいけません。**リモートワークについての「型」をマネジャーが用意し、指示して、守らせなくてはなりません。「破」の段階を飛ばして急に自分らしい「離」をさせてはいけないのです。**

🚫 一部のプロを除いて、新人のように扱うべき

具体的には、すでにリモートワーク的な働き方をしていた一部のプロ以外は、変に大人扱いすることなく、全員新人のように手取り足取り、一から十まで行動レベルでの指示を

行なうのがよいと思います。

世の中ではもう新しい働き方が実現したかのように盛り上がっていますが、ものには順序があります。長年の課題であった「働き方改革」は、コロナ禍に急かされたこともあり、遠くない将来に実現することでしょう。が、その前に上述のマイクロ・マネジメントが必要となる人も多いはずです。

「リアルのときにはあんなに自由にやらせてくれていたマネジャーが、リモートワークになったら急に細かいことを指示したり、聞いてきたりするようになった」と部下が嘆く。これくらいでよいのではないかと思います。そして徐々に手を放してあげてください。

まとめ

- リモートワークをはじめとした各種の「自由な働き方」を実現するには、高いマネジメント能力が必要。
- リモートワークは多くのビジネスパーソンにとっては「守」の段階。
- 「働き方改革」を達成するためにも、準備段階として超マイクロ・マネジメントが必要。

NG ワード 12

「プロセスは任せるよ、結果さえ出してくれればいいから」

DATA

不信度	★☆☆
嫌われ度	★☆☆
バカにされ度	★☆☆

上辺だけの寛容さと、根底にある古いビジネス観

サラッと余裕のある笑みでねぎらうように、部下に対して「そんなに根を詰めてがんばらなくてもいいよ。プロセスは君に任せる。結果さえ出してくれれば、オレは何も言わないから」――包容力を持って部下を信頼し、自由や裁量を与えている、いかにも現代的な上司の発言のように聞こえるかと思います。しかしこの発言、実際には単なる責任放棄の表明でしかなく、かつ、非常に古いビジネス観に根差したものです。

こういったセリフが発せられる場合の「結果」とは、「チームとしての満足感」や「取引先との良好なコミュニケーション」などといったフンワリとしたものではなく、ほとんどの場合、最終的な売り上げ結果や受注率などのシビアなものを意味しているはずです。

件《くだん》の上司は、その柔らかく優しげなセリフの中に、冷たく鋭い要求を包み隠して部下に突きつけていることになります。

⃠もはや通用しない「結果主義」

また、「がんばったら結果が出る」という思考が一般化したのは高度経済成長期、すでに半世紀以上前のこと。日本人の国民性ともよく親和するこの言葉は、バブル期やそれに続く「失われた30年」を経てもなお、連綿として今に続いています。「先行する欧米の背中を追いかけ、改良することで成長する」という原体験を捨てられない日本は、何十年と同じ「勝ちパターン」の行動を取り続け、現代においては必須の「挑戦」と「革新」の波に乗り損ねました。日本からＧＡＦＡが生まれなかったゆえんです。

かのユニクロの柳井正氏が自身の経営哲学を記した著書『一勝九敗』は、その内容を読まずとも、書名だけでも大きな示唆を与えてくれます。**「一勝」を得るためには「九敗」が必要。結果ではなく、途中の失敗に意味を見出す**のです。同社の歴史を紐解くと、山口の炭鉱街にある一紳士衣料店から始まり、現在の世界売り上げ第3位のアパレル企業へと成長するまでに、実にさまざまな失敗を重ねています。

初期には「低価格低品質」と嗤《わら》われ、そのあともスポーツウェア部門への進出から生鮮野菜の直販まで（ともに即座に撤退）。しかし「十回新しいことを始めれば九回は失敗する」という柳井氏自身の発言は同社の基本姿勢、事業推進の前提となっており、実際、これらの失敗経験がさまざまに絡み合い、のちに「ユニクロ」に続く「GU」ブランドの大展開にもつながっていきます。（余談となりますが、同社は一部の人たちからは「戦後日本最大の革命企業」とも称されています。いわく「日本中からダサい男がいなくなった」、つまり「ユニクロを着ておけばとりあえずダサくはならない」と。言い得て妙、ですね。私も今ユニクロを着ています。）

🚫「成長分野に集中投資」は愚の骨頂

さて、話は急に堅くなりますが、昨今の緊縮財政の中、政官財のあちこちから聞こえてくる「成長分野に集中投資」という言葉を皆さんはどうお考えでしょうか？

非礼を承知の上で私の考えを一言で表すと、「愚の骨頂」となります。

現代ビジネスにおいて必須なのはイノベーション。その**イノベーションは「分散投資」**

が基本です。いつ日の目を見るかわからない数多《あまた》もの分野に資金や人材を投じ続ける。１つの革新的技術を発想して実現させるためには、99の失敗があって当然なのです。「成長分野に集中投資」という言葉を噛み砕けば、「成長が目に見えている分野にだけ注力する、ほかはムダだから切り捨ててもよい」ということです。しかし「すでに成長が見込まれている分野」は、誰もが参入を狙っているレッドオーシャン。安定を目指した進路のつもりが、実は激戦区でしかないわけです。

特に公的な産業支援などの文脈では、効率的な「集中投資」が正解で、「分散投資」は「金のバラ撒き」という否定的な印象を持たれるかもしれません。しかし、**98～99％は失敗に終わることを承知の上で広く投資し、その中から「今まで誰もやったことのなかった１％」を見つけること、これが今の私たちに必要なことです。**

⃠「結果を求めないこと」の副産物

また、定められた「結果」への一本道を走っているだけでは生まれないものもあります。強力接着剤を研究する中で生まれた「粘着力はあるのにすぐ剥がれる」という失敗作は、もはや日々の事務仕事には欠かせない「ポスト・イット」となりました。また、医学史上最大の発見ともいわれる抗生物質ペニシリンは、よく知られる通り、実験中の不注意でシャーレの中に青カビを混入させてしまったことによる奇跡的な偶然の産物です。そのほか、もともとは狭心症の治療薬として開発された「バイアグラ」や、高血圧治療薬の「ミノキシジル」が、現在どのような用途に使用されているかは、上司世代の皆さんはよくご存じのことでしょう。

⃠「結果主義」を捨て「行動規範」を与える

冒頭での上司の発言で、「結果さえ出してくれれば」という部分がNGなのはすでに説明した通りです。しかし問題はもう1つあり、それは「プロセスは君に任せるから」という部分です。単純に、やり方を教えず丸投げしているという無責任ぶりだけでも十分にNGではありますが、「プロセス」やそれを規定する「行動規範」の重要性を認識できていないことのほうが、現代ビジネスにおいては致命的です。

たとえば、フリマアプリとして2013年に登場、現在主要4社の中にあって55%ものシェアを持つメルカリは、「Go Bold ― 大胆にやろう」「All for One ― 全ては成功のために」「Be a Pro ― プロフェッショナルであれ」という3つの行動規範を掲げ、売り上げなどの数字ではなく、各社員がいかにこの規範に沿って動いてくれているかを評価の基準としています。なぜなら彼らはフロンティアであることを自覚しているからです。社員には、失敗してもいいからどんどんと新しいことに挑戦してほしい、そうでなければならない。**結果主義では、勝ちパターンの定まった既存の仕事観で動く人ばかりとなり、最先端で失敗を繰り返している人は評価されなくなってしまう。それでは今後を生き残っていくことはできない**――そう理解しているのです。

「プロセスはいいから結果を出せ」と「結果よりもプロセスを重視して」という真反対の姿勢。現在急成長している新進気鋭の企業に共通しているのは、もちろん後者のほうです。

まとめ

- 「プロセスはいいから結果を出せ」は責任放棄であり、かつ非常に古いビジネス観に根差した言葉。
- 現代のビジネスに必須のイノベーションは「分散投資」が基本。
- 今は社員に「結果主義」を押しつけるのではなく、「行動規範」を与えることのほうが重要。

章末column

テレワークとマネジメントの未来

パーソル総合研究所の調査によると、コロナ禍が落ち着いた2023年7月時点でのテレワーク実施率は22.2%まで下がりました。コロナの5類移行後はテレワークを「実施していない」が75.1%と、テレワークは少数派になりました。主な理由は、マネジメント側の都合が大きいようです。時間的にも空間的にも離れた「非同期」の状態でマネジメントができる上司が少ないということです。非同期のコミュニケーションは高い言語化能力が求められますし、その場で柔軟に対応しにくいので事前の計画力も必要です。また、組織や仕事のエンゲージメントを高めるのもやりにくい。しかし、同研究所の調査ではテレワーク継続を希望する人はすべての年代で9割以上、かつ継続できなくなったら6割が「転職を検討する」と回答しています。つまり、テレワークでもメンバーをきちんとマネジメントできる会社でなければ人を集められなくなるかもしれません。

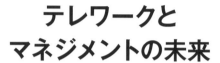

第3章

「この人、責任感がないなあ……」

と思われてしまう残念な上司の言葉

NG ワード 13

「オレは役割で管理職をやってるだけだよ（管理職なんて損な役回り）」

DATA

不信度	★★★
嫌われ度	★★☆
バカにされ度	★★★

最初に管理職になったときの失敗

初めて管理職になるというのは、誰にとっても難しい経験です。私は32歳で最初に管理職になったのですが、そこである失敗をしました。

管理職になる前は、「部下グループの中で一番上のお兄さん」という居心地の良いスタンスで仲間とともに仕事をしており、管理職になったあともそのスタンスを続けようと思っていました。そこで「これからも、今までと変わらずにみんなとはフラットに付き合いたいし、みんなも上司だからと遠慮せず、言いたいことはストレートに言ってほしい」と、管理職になって最初の会議でグループのメンバーに伝えました。若くして昇進した上司がよく言いそうな、聞こえの良い言葉です。

ところが意に反して、それは不評だったようです。

そのあとに続いた管理職としての日々は、部下は多いが上司は1人、部下は団結するが上司は孤立する、という物悲しいものでした。部下にフランクに話しかけても、表面的には笑顔で返してはくれるものの、心の底ではそっけないのが透けて見える、そんな毎日が続きました。「フラットな職場や上司部下関係は素晴らしい」とシンプルに思っていた私には、いったい何が悪かったのか見当もつかず、ただとまどいしかありませんでした。「『何であんなやつが上司になったのか』と不満なのだろうか？」と悩んだり、「急に偉くなってしまって、どう対応してよいのかわからないのではないだろうか？」と勝手な想像をしたりしていました。しかし、原因はそこにはありませんでした。

評価を「する側」と「される側」

答えは案外簡単なもので、右にある見出しの通りです。

あるとき先輩上司と飲みに行き、酔いにまかせて「ほかのメンバーとの関係があまりうまくいっていないように思う」と、正直に打ち明けました。その上で、先に述べたような「管理職になったからといって上下関係を作るのではなく、今まで通りフラットに接してほしい」という自分流のマネジャーとしての姿勢を話したところ、先輩上司は「そんなスタンスだからこそ、部下はついてこないんだ」と言い当てました。

つまるところ、**上司と部下はいかに同志的な連帯感があったとしても、それまでの部下同士との関係とは違い、評価を「する側」と「される側」に分けられる、ということです。どんなに親しみのある関係でも、その一線だけは消すことはできません。**それなのに「フラットでいたい」などと自分にとってラクなだけのおめでたいスタンスでいたならば、それはある意味「責任放棄」でもあったのです。グループメンバーたちは、それを繊細に感じ取っていたのでしょう。

⊘評価をされる反感を一身に受けるのが上司

人間は誰しも、誰かを評価などしたくないし、されたくもありません。しかし、企業というものは事業で得たお金を社員に報酬として配分せねばならず、そのための評価は誰かがしなくてはなりません。ある意味、それをするためにいるのが、管理職です。

別の言い方をすれば、評価をされるというイヤな気分から生じる反感を一身に受けること、ベストセラー書籍のタイトルを借りるのであれば、まさに**「嫌われる勇気」を持つことが、管理職の責務**なのです。部下たちより高い給料をもらうということは、そういうイヤな役目を担うことも含めてのものです。

それなのに嫌われる役目を放棄し、「オレはみんなの仲間だからな」と馴れ馴れしく振る舞うことは、言ってしまえば、「『人を評価する』という仕事の重さを軽く見ている」神をも恐れぬ行為であり、「フランクに振る舞ったからといって、その重荷から逃れられると思っている」という浅はかさでもあります。

初めて管理職になった当時の若い私は、その落とし穴に陥ってしまいました。本来は、「オレは上司になってしまったので、悲しいことではあるけれど、みんなとこれまでのようには付き合えない」と自覚し、他人にもそう示すべきだったのです。

🚫 管理職がイヤでも管理職「然」とすべし

近年では、出世に興味がなく、みずからが管理職につくこと自体も良しとしない、そして「偉い」といわれる人には、それだけで反感を持つ人も増えています（実は私もそうでした）。

そしてそういう人は、いざ自分が管理職になってしまうと、どうしても「いや、自分は管理職なんかになりたくてなったわけではないし」「むしろ、現場でプレイヤーとして活躍していたかったのに」と恨み節を言いたくもなるでしょう。

ただ、実際に昇進を固辞せず「管理職」という名刺を持つようになった以上、それは結局は自分で受け入れたことです。その恨み節は自分の中にしまっておくべきであり、他人に、ましてや部下にグチるものではありません。**管理職になることを決めたならば、「まさしく私は管理職である」と、管理職「然」と振る舞うべき**なのです。

⃠二重人格を貫くのはとても難しい

無論、これは私のような不器用な人間の体験談からくる、ただそれだけの「おすすめの覚悟」です。日々部下とフランクに接しながら、いざというときには部下の生殺与奪権を持つ者として強く振る舞い、それでも皆の信頼を得てうまくマネジメントができる器用な方であれば、そのようにするほうがよいと思います。

しかし実際のところ、私が人事コンサルタントとしていろいろな会社の組織分析をする中で、部下の皆さんが上司について思っていることを聞くと、「うまくいっていると思っているのは上司だけ」という残念なパターンが非常に多く見られます。
自分は役割によってキャラをうまく使い分けているつもりでいても、部下はそれを単なる「二枚舌」だと感じ、「信用できない人」と判定しているかもしれません。

管理職とは、部下とは違って「人の評価をする側の立場」です。腹をくくり、自分に与えられたその新しい役割を堂々と受け入れるべきです。あなたのためにも、部下たちのためにも。

まとめ

- 上司と部下はいかに同志的な連帯感があったとしても、結局は評価を「する側」と「される側」。
- 「嫌われる勇気」を持つことが、管理職の責務。だから部下より高い給料をもらえる。
- 管理職は部下を評価をする側の立場。自分の役割を堂々と受け入れる。

NG ワード 14

「君はどうしたいの？（お前は何がやりたいんだ？）」

DATA

不信度	★☆☆
嫌われ度	☆☆☆
バカにされ度	★☆☆

任せられることでやる気が出る若手

私が新卒で入ったリクルートはやや特殊な伝統を持っており、多くのマネジャーの口グセは「お前はどうしたい？」でした。若手がマネジャーや先輩に「この案件、どうしたらいいでしょう？」と相談に行くと、第一声はまずこれでした。

あまりに毎回同じ「質問返し」をされるものですから、そのうち若手も諦めて、まずは先に自分で考え、「私はこうしたいのですが、それでいいでしょうか？」と自分から案を持ちかけてくるようになり、マネジャーは「そうか、じゃあ、やってみろ」と言う。若手は自分から言い出したものだから、がんばってやらざるを得なくなる――。

私たち若手はよく冗談で「リクルートのマネジャーは楽だよなあ、『やってみろ』と言って放っておくだけだもの」と苦笑していました。

しかし実際に「君はどうしたい？」と問われながら育つと、自然と、どんな案件に対しても「自分の意見」を持つようになっていきます。最前線にいる社員が自律的にいろいろ考え、ある意味「勝手に」工夫をしてよいような環境であったからこそ、「『こうしたい』と思ったらやらせてみろ」というこのマネジメントの流れはうまくいっていました。そして、若手社員は「任せてもらえる」ことでやる気になっていくという良い循環が生まれていました。

⃠「自分がどう思うかは捨てよ」の衝撃

まだ若手だった私も、その流れに乗ってしばらく順調に、機嫌良く仕事を重ねていました。しかし30歳になり、初めてコンサルティングの仕事に携わった際に、衝撃的な言葉を聞きます。

私の上司の、さらに師匠筋にあたるかなり名のあるコンサルタントの方の「コンサルタント三カ条」のようなものを示され、その１つ目に「自分がどう思うかは捨てよ」とあったのです。若手の頃に言われ続けていた「自分はどう思う？」という問いとは真反対のこととなります。これはつまり、「どう思うか」などという曖昧な感想や意見や好みではなく、現実を見据えて、絶対不動の「事実」から思考をスタートし、そこから「論理的に」考えて、そこで初めて「どうすべきか」を提案せよ、ということです。

どうしても「意見」を入れてしまうクセが抜けない

上から「お前はどう思う?」と問われる毎日から一転、コンサルタントとなったとたんに「意見などいらない。ファクトとロジックだけで話せ」と言われる日々が始まりました。これはなかなか厳しい「変化」でした。何を書いても何を言っても、これまでのクセで「自分はこう思う」が入ってしまうのです。

今でこそ事実と意見を分けることはある程度できるようになりましたが、当時30歳というコンサルティングの仕事を始めるにはかなりギリギリな年齢であった私は、慣れるのに半年以上はかかったように思います。コンサルティングの提案書などを書いても、毎度真っ赤に修正されて返ってきました。いい歳の大人が文章1つ書けないことを情けなく思ったのを覚えています。

「事実」が先か、「意見」が先か

さて、コンサルティングにせよ、もっと現場に近い仕事にせよ、やろうとしていることが世の「事実」に反していれば実現はしないでしょうし、逆に自分なりの「意見」がなければ他者に対してありきたりな差別化しかできず、ビジネスの競争には勝てません。だから結局は「事実」から推論できることも、創造的な「意見」も、どちらも重要なものです。

問題は、若い人がその両方を身につけていくのに際して、どちらから始めるべきかということでしょう。

実際は「意見」よりも「事実」からのスタートが適切

私はリクルートというある意味特別な会社の中で学び育ちましたが、一般的には「どう思う？」からスタートするよりも、「事実を客観的に見据えるクセをつける」から訓練したほうが、育成のあり方としてはスムーズにいくと考えています。

というのも、１つには、昔ながらの「上意下達」の風潮が薄れつつある中、今の若者たちは学生時代に何度もいろいろな場面で「君はどうしたいの？」と問われており、むしろ

「意見過多」の状態になっているようだと感じているからです。

実際に若手と仕事をするとき、何かの対象、たとえば市場や組織や商品などについて「どう思う?」と聞くと、いろいろな意見は出てきます。が、「どうしてそう思った?」と聞くと結局その意見には根拠がなく、「そう思ったから、そう思った」という思いつきの産物であることが多々あります。

ですから、**まず必要なのは「物事を客観的に見る訓練」だということになります。「意見」より先にさまざまな「事実」を見て、考えさせることが必要**となります。

⃠ 権限移譲がないのに「意見」を聞かれても……

最初の段階で「君はどうしたい?」と聞くべきでない、もう1つの理由は、リクルートのように「最初から自分の意見で、自分のやりたいことをやらせてくれる会社」はごく少数派でしかなく、それ以外ではこのマネジメント法が効きにくいということです。自分の「意見」をそのままに実行できる環境にあるならば、すぐに何らかの「事実」に直面するため、おかしな「意見」は修正されます。そしてまた新しい「自分の意見」を組み立てていくことになります。「意見」を見直し、磨く術を得ます。

しかし**「意見」を聞いても、ただ「いい意見だ」「つまらない」などと表面的に評価されるだけで、実際にそれを行動に移す権限を持たせてくれないのならば、ただ意見を言わされたほうの納得感もありませんし、自分の意見を磨くこともできません。**それなら「意見」を聞くだけかわいそうです。だから、多くの若手は「どうしたい？」と上司に問われても、「言ってもどうせ、やらせてくれないくせに」と疑うわけです。

そうであれば、若手は最初に「自分はどう思うかは捨てよ」の洗礼を受けるほうが、合理的で納得性が高いのではないでしょうか。

まとめ

- ビジネスの世界では、「事実」から推論できることも、創造的な「意見」もどちらも重要。
- 若手には、まず「事実を客観的に見る訓練」をさせる。
- 若手に「意見」を聞いても権限移譲して行動させられる会社でなければ、かえって失望させてしまう。

NG ワード 15

「私はホメて伸ばすタイプだから」

DATA

不信度	★☆☆
嫌われ度	☆☆☆
バカにされ度	★☆☆

えっ、ホメてほしいんじゃないの!?

「最近の若者は承認欲求が高い」とよくいわれます。「承認欲求」とは「他者から自分を価値ある存在として認められたい」という欲求のことであり、このことから「多くの若者はホメられてこそ育つもの」ということになっています。

そのため、世の上司たちは自らの部下のモチベーションを上げるために「何とか機会を見つけてはホメてやらねば」と思うようです。

ところが実は、それを苦々しく思っている若者は少なくないようです。上司の動機は善意であるはずなのに、なぜこんなことが起こるのでしょうか?

そもそもなぜ若者が「承認欲求」が高いのかというところから考えてみましょう。

今の20代の価値観についてのさまざまな社会調査などを見ていくと、1つの特徴として「価値相対主義」というものが浮かび上がります。

「価値相対主義」とは、1つの価値観を絶対視して「これ以外はダメ」と考えることを嫌い、「みんな違って、みんないい」「ナンバーワンよりオンリーワン」と多様な価値観を並立して認めていくというものです。

そうなった要因は、戦後のリベラルな教育や、グローバル化によるダイバーシティの進展などさまざまです。このように多様な価値観を認めることは良いことでしょうが、そこには重大な落とし穴もあるのです。

⦸人は結局何かを頼りたくなるもの

それは「価値相対主義」の最大の副作用である「虚無主義」（ニヒリズム）です。「虚無主義」とは、価値の相対化が行きすぎて、「絶対に正しいものなど何もない」「何だって、どうだっていいのだ」というように、真理の存在を全否定する考え方です。極端に言えば、「働かなくてもいい」「人を殺してもいい」「人生に意味なんてない」というような考えにもつながります。

しかし、人間はそんな考えに耐えられるほど強い存在ではありません。**「何でもいいのだ」という自由を与えられると、かえって孤独と自己責任の重さに押し潰されてしまうこともあります。**その結果、結局は何か自分の頼りになるものを探すようになります。

そこでもう一度、絶対主義の世界に戻る人もいます。「出世」や「お金」「名誉」などの既存の価値観に立ち戻るのです。ただ、そういう人は世間的には目立つものの、少数派です。一度、相対化してしまったものを再び絶対視することはなかなかできません。ニーチェ風に言うなら「神は死んだ」のです。

そうなると、あとは「溺れる者は藁《わら》をもつかむ」で、目の前にあるものにしがみつくことになります。つまり、**自分から半径3メートル以内にいるような身近な人たちとお互いに「自分たちのやっていることは正しいよね」と肯定し合う、これが今の若者の「承認欲求」の正体ではないかと私は思います。**

上から目線でホメられてもうれしくない

さて、そう考えると冒頭で上司が言っている「ホメる」は、彼らにとっての承認欲求を満たすものではないことがわかります。上司が「ホメる」のは、たいていの場合、会社が「こうなってほしい」という人物像に若者たちが近づいているときです。

しかし、そういう何かの基準に合わせてイケてる／イケてないと評価されるということは「価値絶対主義」であり、多くの若者はあまり気分良くはならないものです。**上から目線で「お前もようやくわかってきたな」などと言われても、「自分はそんな基準でなんか判断されたくない！」と思われるのがオチでしょう。**

⊘ 認めてほしいのは「存在」

若者が承認してほしいのは、そういった世間的なモノサシによるレベル感や順位などではありません。むしろ、そういう順位づけをされることは嫌がります。そうではなく、彼らが承認してほしいのは、自分という「存在」自体なのではないでしょうか。

「評価」＝「価値判断」されるのではなく「あなたはその状態で大丈夫ですよ」と認めてもらいたいということです。もっと言えば、「（オレの基準で）お前はすごい」ではなく、「オレはお前のこと、何か好きだな」「何かいいと思っている」とただ単純に言ってほしいだけなのではないでしょうか。

自信を持つことが困難な時代

人をホメるとき、誠実な人であればあるほど、きちんとその理由も言いたくなるものです。しかし「こういうことをして、こんな成果をあげたから偉い」と理由を挙げてホメることは、存在を肯定しているのではなく、行動や成果を他人と比較して評価していることになります。若い世代は、これを好んではいません。

「ソーシャル・ネイティブ」とも呼ばれる今の若手は、生まれたときからスマートフォンやSNSがそばにあり、そこから半径3メートルの狭い世間で承認欲求を満たしつつも、逆にそれらを通して広いインターネットの中にも出ています。ネットの中で自分よりはるかに優れた他人を知り、ときには自分を他人と比較して、「結局、上には上がいるからな」「自分なんてたいしたことない」と自信を持つことが困難な時代に生きています。

だからこそ、**彼らにとっては自分を「オンリーワンの存在」として認めてもらうことが、競争の世界に飛び込んでいくためのパワーとなるのです。そこをサポートするのが上司の**

役目です。

仕事上（やプライベート）での行動、成果を評価するのではなく、「君ががんばっているのはいつも見ているし、君がほかの人と違う個性を持った人間だということもわかっている」「君はオンリーワンだ、私はその存在を認めているよ」と示してやるのです。

「ホメて伸ばす主義」は悪いことではありませんが、ホメどころを間違えると逆効果になりますよ、ということです。

まとめ

- 上司や会社の基準にのっとって部下を評価し、ホメても、本人的にはあまり気分が良くない。
- 若者が求めているのは、自分という「存在」自体を認められること。
- 今どきの上司は、部下に「君はオンリーワンだ、私はその存在を認めているよ」と伝えるべき。

NG ワード 16

「やっぱりオレがいないとダメだなあ」

DATA

不信度	★★☆
嫌われ度	★★☆
バカにされ度	★★★

上司でさえ「認めてもらいたい」承認欲求の時代

何か失敗をしてしょげている部下を見て、上司が優しく「もう、仕方ねえなあ。やっぱりオレがいないとダメだなあ。まあ今回はこっちで始末しておくから、次からはがんばれよ」と、ポンポンと肩を叩く。その笑顔は、少し自慢げですらあるかもしれません。一見ほのぼのとしたドラマのワンシーンのようですが、現実の職場でこの状況が幾度も続くのであれば、そこには由々しき問題が潜んでいます。

それが上司の「承認欲求」からくるものであれば、まだ軽症です。「部下に認めてもらいたい、尊敬してもらいたい」。本来「承認すべき側」である上司が部下に承認を求めていること自体がみっともないことではありますが、世のあらゆるものが揺らぐ昨今、「自分を認めてもらいたい」と思うのは老いも若きも同じこと。多少の虚栄は見逃されてもそう実害はないかもしれません。

しかし問題なのは、**無能な上司であればあるほど、自分１人で仕事を囲い込みたがること**です。自分の仕事を他人に渡さない。若手に任せようとしない。その結果の「オレがいないとダメだなあ」では、部下は育たず、組織の動きは停滞します。「この仕事に関しては自分が一番の専門家だと見られたい」という見栄や、「この作業は自分のやり方がベストだが、難しいので、ほかの人にはできないだろう」という根拠のない自信がこの悪癖を裏打ちしていることもよくあります。

仕事の「属人化」「ブラックボックス化」

仕事の囲い込みとして顕著なのは、担当取引先を手放さないことなどでしょう。あるいは、営業や仕入れなどの一連の業務は部下にやらせつつ、その中で最もコアな部分、たとえば「値付け」の作業は自分以外にさせない、権限もノウハウも渡さない。または自称「Ｅｘｃｅｌの達人」が複雑なマクロを組み、自分以外には触れない状態を作ってしまう。いっそ社内システムの中に自分の占有領域を作ってしまう。

これらは「仕事の属人化」「ブラックボックス化」とも呼ばれます。「属人化」とは、「ある業務が特定の人にしか理解、遂行できない状態になってしまうこと」、ブラックボックス化も似たような意味で「業務の内容や手順、進捗などがその人にしかわからない状態になってしまうこと」を指します。

企業組織において「特定の人にしかできない仕事」は、決してその人の有能さを示すものなどではなく、単にチームワークや知見の共有、蓄積を阻害する有害な要素でしかありません。理由は簡単なことです。仮にその人物が転勤や病気などでチームを抜けてしまったら、とたんに業務は回らなくなります。そして無能な彼は、実は心の底のどこかでそれを望んでいるのです。

根底にあるのは「生存欲求」

チームのマネジメントを担うべき上司たる者がそのような「仕事の囲い込み」をしてしまうのは、実は心の根底に「承認欲求」どころではない、「生存欲求」があるのだと考えられます。簡単に言えば「居場所の確保」です。

年功序列制度が生きていた時代には「課長補佐、代理」などの役職名を捻り出してでも会社は居場所を提供してくれていましたが、そのような安穏とした状況がすでに過去のものとなっているのは皆さんがご存じの通りです。自分の価値を積極的に示しておかなければ、自社内において生存し続けることができません。「ほかの人ができるようになってしまうと自分が無価値になってしまう」という恐怖心があるのかもしれません。

そこで一種の保身術として、「オレにしかできない仕事」を作ってしまうのです。

管理職としての悲哀

厳しい言葉を続けていますが、そういった保身に同情しないわけではありません。

昇進を重ね、管理職など上に行けば行くほどポジションの数は少なくなり、競争は激しくなっていきます。人材不足が叫ばれる昨今にあっても、中高年世代の転職は容易ではありません。平社員のままのほほんと居続けられる場所があるならば、そちらのほうがよほど気楽であったかもしれません。実際に、最近の若い世代は昇進を望まないということはよく聞かれる話です（すでに述べた通り、私自身が管理職になったことを大きく後悔したクチです）。

しかしそれは、心情としては理解できるにしても、企業組織として望ましいあり方ではありません。

🚫「仕事の囲い込み」を避けるために

では、どのようなあり方が望ましいのか？

一言でいえば**「業務の標準化」を行なって「やっぱりオレじゃなきゃダメな仕事」を排除すること**です。上司であれ部下であれ、チーム内の誰が欠けても滞りなく業務が継続できるよう、すべての作業についてマニュアルを作成し、共有する。それによって業務の流れを可視化し、誰が見ても速やかに作業内容を把握できるようにする。同時に、同じタスクは誰でも同じ手順で遂行できるようにする。

これらにより、何かの事情で特定の「オレ」が欠けたときにでも業務を継続することが可能となるだけでなく、業務品質の向上と均一化も可能となります。近年は、これまで個々人が持っていた知識やノウハウを簡単に集約できるナレッジマネジメントのためのＩＴツールも多数開発されており、これを導入するのも有効でしょう。規模の小さな企業やチームであれば、簡単な社内ＳＮＳを導入するだけでも風通しはかなり良くなります。

また、さまざまな権限は特定の社員に集中させず、少なくとも何人かに分散させます。ノウハウの共有ができるばかりではなく、上司から部下への権限委譲は、仕事へのモチベーションをアップさせ、成長をうながす効果もあります（もちろん不正防止の効果も）。

いずれにせよ、上司の皆さんの「やっぱりオレがいないとダメだなあ」が通用するのは、最初の１～２回だけだと心しておいてください。笑って頼ってくれるのは最初だけ、そのうちにその慢心を見透かされ、次第に「この人、部下を育てようっていう責任感がないなあ」と、さらには「こいつ、いつもウチらの手柄を横取りしているぞ」などと思われてしまうようになります。

まとめ

- 無能な上司ほど、自分１人で仕事を囲い込みたがり、若手に任せようとしないため、部下が育たず、組織の動きは停滞する。
- 「業務の標準化」を行ない、「業務の属人化」を排除することでメンバーの成長をうながす。
- 「やっぱりオレがいないとダメだなあ」が通用するのは、最初の１～２回だけ。

NG ワード 17

「この仕事をがんばれば、市場価値が上がるよ」

転職の一般化による「人材の市場価値」という概念

厚生労働省などの統計によると、2023年現在、日本人男女の生涯転職経験回数は、おおむね「3回程度」です。そこには2つの二極化が見られます。

1つ目は「高額所得者と低額所得者は転職回数が多い（中間層はあまり転職しない）」。年収1000万円を超える高額所得者はより大きな報酬やキャリアアップを狙って転職を重ね、また年収300万円前後の低額所得者は、（収入の増加は当然として）非正規から正規職員への転身、より充実した福利厚生などによる生活の安定を求めて転職を目指しているのだと考えられます。

「二極化」のもう1つは、「しない人はしない、する人は何度もする」です。実際、終身

DATA

不信度	★☆☆
嫌われ度	★★☆
バカにされ度	★★★

雇用制度がとうの昔に崩壊したとされている中にあって、大企業に限っていえば、半数程度の社員は一度も転職しないまま生涯同じ会社に勤め続けています。一方で、たとえば40代前半の転職経験者の中では、転職回数が６回以上の人の割合は25・１％、４人に１人です。外資系企業のドライな雇用システムにも慣れたせいでしょう、中途採用者が、入社数カ月でまた別の社に移っていくようなことも珍しい光景ではなくなりました。

このように転職・中途採用が一般化される中で自然と生まれたのが「人材としての市場価値」という概念です。転職を考えているか否かにかかわらず、多くの労働者は「自分の市場価値は？」と考えたことがあるはずです。そして、部下を鼓舞したい上司は、ついこの言葉を安易に使ってしまいます。多少難しい仕事、イヤがられるであろう業務を命じるときに、単純に「君の成長につながるから」と言えばよいところを、「君の市場価値が上がるから」と言ってしまう。部下に転職を勧めたいのでしょうか？

🚫「市場価値」というものの危うさ

そもそも「市場価値」とは何なのでしょうか？

ご存じの通り、「市場価値」は、希少性や需給関係によってコロコロと変化します。私たちの世代にとって安魚の代表であったイワシは、今やすっかり高級魚となってしまいました。１９８０年代のピーク時にはその漁獲量は年間２５０万トンを超え、人間どころか家畜のエサとしても使われていました。ところが海洋環境の変動などにより、近年は漁獲量が10万トンを下回る年も出てきています。当然のように「市場価値」、つまりそのお値段は、30年前の2倍以上になっています。

逆に、高級食材の代表格であるマツタケは、２０２３年に東京大学などにより全遺伝子情報が解読されました。ウナギも近畿大学が完全養殖に成功しています。将来、大量供給が可能になったとき、「希少性」に値段が付けられていたこれらの市場価値はどうなるのでしょう?

さて食卓から話を戻して、ビジネスという「市場」と、その場における人材の「価値」について考えてみます。

かつて多くの女性が憧れた花形職業「タイピスト（キーパンチャー）」は、需要も高く高給で、専門の養成学校がいくつも設立されていましたが、今はその職業自体が存在しません。視点を逆にし、**さまざまな時代の「求職者からみた憧れ企業ランキング」**をさかのぼっ

て眺めても、「市場そのもの」がいかに危うく変化し得るものかが見て取れます。ほんの20年ほど前までランキングの上位を占めていた企業のうち、テレビ局や出版社、広告代理店などは、軒並み表から消え失せています。あれだけ手堅く志望者を集めていた商社や銀行も、社により人気のムラが大きくなるばかり。

市場そのものの未来予測さえ難しいことであるのに、その市場の中での価値の推移など、一企業の一中堅管理職が見通せるものでしょうか？

AIの登場による今後の市場の変化

求人倍率などから見ると、現在最も需要（＝市場価値）が高いとされているのがＩＴエンジニアです。コンピュータの２０００年問題直前に急増した需要がいったん落ち着いたあとも、優秀なエンジニアの獲得競争は年々激化し続け、コロナ禍で雇用全体が大幅に縮小した中でも、採用ニーズが大きく減ることはありませんでした。

しかし、そのエンジニアでさえも10年後にどうなっているかはわかりません。たとえば、２０２２年11月、近年のＡＩの進化にトドメを刺すように突如登場した「ChatGPT」。ネット上の膨大な情報を取り込んで学習し、かなり専門的な分野の質問を投げかけても極めて自然な言葉で返答してくれる対話型の文章生成ＡＩです。当初指摘されていた返答内容の偏りや不正確さもわずかな期間で改良され続け、エンジニアばかりか医師や弁護士、翻訳・通訳者など、知の蓄積を礎とした職業がみな人間の手から奪われていくという危機感が現実感をともなって一気に高まりました。一方で、この強力なツールをどうビジネスに活かそうかと目を輝かせている人も数多くいます。

たいていの場合、中高年の上司世代はこういった最新のＩＴ技術については若手世代よりも疎いもの。そこへ**「難しい仕事だけれど、これをやれば君の市場価値が……」などとわかったようなことを部下に言っても、ヘタをすれば「は？　それならGPTにプロンプト食わせてプログラム書かせて、あとでちょっと手修正したら、半日くらいでできる仕事ですけど？」と、心の中で呆れられてしまうかもしれません。**

⊘「市場価値」よりも「知的好奇心」と「社会的意義」

そもそも、今の新人世代は、「自分がどういう存在でありたいか」「どのように成長できるか」を重んじています。「市場価値」といった金勘定のような言葉よりも、「この仕事をやり遂げれば、こういう能力が身につくよ」などの率直な表現を使うほうが真意が伝わります。また、**「こんな難しい仕事があるんだけれど、やり方を考えてみてくれる？」と彼らの知的好奇心のスイッチを入れるような言い方や、「これにはこういう社会的意義があるんだ」と、彼らの社会における存在意義を考えさせるような言い方も効果的**です。今の20代には「知的好奇心」と「社会的意義」というキーワードが重要であることは、ぜひ覚えておいてください。

いずれにせよ、「市場価値」という言葉は、上司から部下への激励の文脈で使われるのに適した言葉ではありません。最近は「転職市場」以外にも「婚活市場」などの言葉もよく聞かれるようになりましたが、１人の人間の価値とは、市場《いちば》で量り売りされる野菜や精肉のように簡単に測れるものでもありません。

まとめ

- 「市場価値」は、希少性や需給関係によってコロコロと変化する。
- 今の新人世代は、「自分がどういう存在でありたいか」「どのように成長できるか」を重んじている。
- 今の20代には「知的好奇心」と「社会的意義」というキーワードが響く。

NG ワード 18

「オレはそう思わないんだけど、会社がこう判断したんだ」

DATA

不信度	★★★
嫌われ度	★☆☆
バカにされ度	★★☆

⊘ ニセモノの共感、ニセモノの寄り添い

部下が提案してきた企画を上に上げたら即座に否定されてしまった。部下が頭を捻って出してきた改善策を役員会議に出しても相手にもされなかった。――そんなとき、部下側の立場に立った親身な言葉のつもりで、「オレはいいと思ったんだけどなあ。上がダメだと言うんだよ」「上の連中、頭が固いからなあ。オレは君の言うことが理解できるんだけどねえ」などと口にしてしまってはいませんか？

本書でもすでに述べた通り、部下の育成において最も重要なことのうちの1つが、「共感」し「寄り添うこと」です。あなたとしては、否定されてしまった部下に共感し、寄り添うつもりでそういう言い方をしてしまうのでしょう。わかります。

しかし、私が人事コンサルとしてさまざまな企業でさまざまな世代の社員の皆さんから聞かせていただいた話をあえて剥き出しの言葉でまとめますと、**上司にそういう言い方をされたときの部下の本音は、「そう思うんだったらとことん最後まで戦ってくれよ！　スゴスゴ帰って来るな！」「決まったなら決まったで仕方ないにしろ、とりあえず重役とかのせいにして責任逃れするのはやめろ！」といったところです。**ただでさえ自分のがんばりが認められなかったことの悔しさが煮詰まる中、上司にそのような言い方をされても、生ぬるい言い訳としてしか届いていないことになります。

🚫人事評価は「相対主義」が基本

右のような「上司の言い訳」が最も多く出現する場面は、部下に対して下された人事評価を伝えるときでしょう。「君は今期すごくがんばっていたし、オレはSで推したんだけど、評価会議でAになっちゃって……ごめんな」と。

日本の多くの企業では、「S」「A」「B」「C」といった区切りをつけて人事評価を行なっています。そしてこのSABCは、上から何％がSで、次の何％がA、次のBは……と、基本的に「相対評価」です。「がんばった人にはがんばった分だけ、全員S評価を！」という気持ちは理解できます。が、これでは「相対」の逆の「絶対評価」となります。人事評価に絶対主義を持ち込むことはそう容易なことではありません。

なぜなら、人事評価は報酬と直結するものだからです。社内で人件費として使える報酬原資が定まっている以上、相対的な順位づけをせずに、「がんばった人は全員一等賞！」と給与を上げ続けることはできません。報酬には「給与」のほかにも「昇級」や「配置」なども含まれますが、社内ピラミッドの適切なバランスを保つためには、おいそれと各所にポストを増やしていくこともできません。

「絶対評価」と「相対評価」の誤解されたイメージ

やや本筋から外れますが、ここで「絶対評価」と「相対評価」に関して世にあるイメージの誤解について触れておきます。

「順位づけなどしない、がんばった人をそれぞれ評価する」という「絶対評価」は、単純な語感として耳に美しく届き、こちらこそが平等で正当な評価方法であると思われがちです。一方、「勉強をがんばりにがんばってテストで99点をとった人でも、通知表では評価を上げてもらえなかった。なぜなら１００点の人が同じクラスに10人いたから」という「相対評価」は、人間味に欠け、やる気を削ぐ評価方法のように思われがちです（右のように極端な例なら私もそう感じます）。しかし、絶対評価と相対評価は、どちらが正でどちらが誤かといった性質のものではありません。それぞれに特徴・特質を持ち、適切に用いればともに有益なものです。

この誤解と無理解は、私が人事コンサルタントとして各社の人事業務に携わる中で、しばしば困惑の原因となります。

評価報酬制度の設計に携わる際、特にマネジメント層からよく要望されるのが、「絶対的な評価のモノサシを作ってほしい」です。絶対主義の評価報酬制度、つまり「どこからどこまでがSで、何ができていればAで、ノルマ達成度が何％ならBで……」と、誰が見ても区切りが瞭然とした目安を設定してほしい、と。

これは、困難である――というより、まず不可能です。もちろんさまざまな評価軸を設定して評価の仕方を明確で簡便にするお手伝いはします。しかし、**評価報酬制度とは本質的に、どこまでいっても相対主義的なものでしかあり得ないのです。**

オリンピックの陸上競技を考えてみてください。先ほどの要望は、「100メートルを９・８秒で走った人はみんな金メダルで、９・９秒なら銀メダル、という基準を決めてくれ」と言われているのと同じことです。そうではなく、「一番速く走った人が金メダルで、その次が銀、三番目が銅メダル」というのがオリンピックのルールであり、これに疑問を持つ人は少ないはずです。「相対評価は人間味に欠けていてやる気を削ぐ」といった見方は必ずしも正しいわけではない、とご理解いただけると思います。

🚫「納得感のある意味づけ」「ストーリーづけ」をしよう

相対主義を用いた評価制度の中、期待していた評価を与えられなかった部下は、当然「なんでだ⁉　ちゃんとノルマも達成したのに！」「言われた通りに全部やったのに！」といった不満を持ちます。これは構造上仕方ないことです。が、「仕方ない」と突き放してよいはずがありません。ここで**上司が心がけるべき態度は、その部下の仕事ぶりについて納得感のある「意味づけ」「ストーリーづけ」をしてやること**です。

「君は確かに目標以上の成果を出した。私も会社側もそれはきちんと理解している」「しかし、今期はほかにもがんばって大きな成果を残した社員も多く、結果として、君の望んでいた評価は出してやることができなかった」と率直に伝えた上で、「あの場面でもうひと踏ん張りできていたら、結果は違っていたかもしれない。次にそうなったら○○という点に気をつけてみたらいいのではないか」「さらに先で君が目指すべきは、○○ということだと思う」と、未来に向けた「納得感のある」道筋をつけてやる。
「あの場面」「○○という点」の部分には部下それぞれのストーリーに沿った個別的、具体的な文言こそが入るべきですので、一般化した「正解文句」はありません。

こういった具体的な指摘や提言ができるのは、それぞれの社員の日々の仕事ぶりを見守ってきた上司だけです。下された評価はきちんとその理由を添えて伝え、さらに各々の仕事について具体的な意味づけをし、未来につながるストーリーづけの言葉を与えてやる。これができれば、部下のその不満を逆に何かの気づきや仕事へのモチベーションへと変換させることもできます。

まとめ

- ニセモノの共感、ニセモノの寄り添いは部下の怒りを買う。
- 評価報酬制度とは本質的に相対主義的なものである。
- 評価はきちんと理由を添えて伝え、さらに各々の仕事について具体的な意味づけをし、未来につながるストーリーづけの言葉を与える。

column

個人のせいか、組織のせいか

近年退職率の上昇に悩む会社が増えています。少子化により若手の採用難が続いているのに、やっと採用できたと思ったらすぐに辞めてしまうのは辛いことです。そこで、定着率を高めるために「どういう人は辞めやすいのか」を分析し、「そういう人を採らないようにしよう」と考える会社が増えています。「好奇心が強すぎる人は飽き性だからやめておこう」「楽観的すぎる人は、転職に対して躊躇がないからやめておこう」などと辞めそうな人は採用時点で受け付けないということです。確かにそうすれば短期的には離職率は下がるかもしれません。ただ、そんな「排除の論理」でよいのでしょうか？　好奇心旺盛な人は新規事業に必要かもしれませんし、楽観的な人は逆境に強いかもしれません。退職という問題を退職する個人が悪いと考えるとこうなります。しかし、本当は、「そういう人も受け入れられる組織にする」ことこそが本質的な対応ではないでしょうか。

第4章

「この人、古くさいなあ……」

と思われてしまう残念な上司の言葉

NG ワード 19

「修羅場をくぐらないと、成長できないぞ」

🚫「仕事で人は育つ」は確かではある、だが……

人材の育成についてよくいわれている「人は仕事経験によって育つ」というのは確かに1つの真実でしょう。

米コンサルティング会社のロミンガー社が提唱した、人が育つための「70：20：10」の法則をご存じでしょうか？

部下の育成に影響するのは「7割は仕事」「2割は上司」「1割が研修」だという意味です。「7割は仕事」ということは、つまり「成長の大部分は実務経験によって養われていくものだ」という考え方です。

その「7：2：1」という比率が的確かどうかは別として、確かに、まったく実務経験

DATA

不信度	★★★
嫌われ度	★★★
バカにされ度	★☆☆

を持たないまま座学しかしてこなかった人が、いきなり仕事で成果を出すことは現実的には考えにくい。ですから私も、「仕事で人は育つ」を否定するつもりはありません。

しかし、もう少し突っ込んで「仕事ができるようになるためには、まず辛い経験を積め」、さらには「きつくて辛い修羅場のような仕事をしないと成長にはつながらない」と言い切ってしまわれると、私は「本当にそうだろうか？」と疑問を持たざるを得ません。

「修羅場」は、本当に人を育てるのか？

長年仕事をしていると、誰にでも「あれは大変な経験だったなあ」という、いわば「修羅場」の経験があると思います。

多くの人はもし大変な目にあったら、苦労した分だけそこに意味があったと思いたがるものです。だから「今の自分があるのも、あの修羅場があったからだ」と思ってしまう、いや、思い込みたいのではないでしょうか？　逆にもし、その修羅場を経験することなく、常に順風満帆な仕事人生を送っていたならば、本当に自分は成長しなかったのでしょうか？

かく言う私も、さまざまな修羅場らしきものを経験し、それを乗り越えてきたつもりですが、正直なことを言うと、そんな修羅場はできれば経験しなかったほうがよかったのではないかと感じています。**きつく苦しい仕事などなかったほうが、もっとすくすく育ったのではないかと思う**ぐらいです。

⊘どんなレベルの仕事が適切かは人によって異なる

そう思う理由の1つは、**能力開発の観点から見たときの「その人に適した仕事の大変さ、難易度」は、人によって異なる**ことです。

今の自分の能力に比してあまりに高すぎる難易度の仕事を与えられても、単純に「できない」だけで、そこから何かを学べるかどうかはわかりません。そうではなく、**その人にとって「がんばれば手が届きそうなレベル」の「適切なストレッチ課題」を与えられてこそ、実効性のある試行錯誤ができ、能力開発につながります。**

もちろん極度に難しい「修羅場」が適している人、難しければ難しいほど燃え上がって成長につながる人もいますが、それは少数派です。多くの人材育成の場に立ち会ってきた私としては、むしろ、徐々に仕事の難易度を上げてやりながら、段階的にストレッチしていくタイプの学習が向いている人のほうが多いと思います。

皆さんの場合はどうだったでしょうか？

いきなり身に余る課題を与えられたとき、「よし、これはオレが期待されているということだ」と自分を奮い立たせつつも、「難しすぎる……」と萎縮してしまうことも多かったのではないでしょうか。萎縮は、成長にはつながりません。

「挫折経験」は、本当に必要なのか？

もう1つの理由は、「修羅場」は難易度が高いがゆえに「挫折経験」「失敗経験」を生みやすいということです。私などは、修羅場はトラウマ（精神的外傷）のようなもので、あまり思い出したくもありません。

よく「挫折が人を強くする」ともいいますが、これもまた人それぞれで、挫折をバネにモチベーションを高めるタイプの人もいれば、それとは反対に**挫折がもとで自己効力感（自分は「うまくやれる」という自信のようなもの）を失ってしまい、そのあとの仕事上でのチャレンジを阻み、学習機会の損失につながる場合もあります。**そう考えると、私は「挫折経験」は必ずしも必要ではなく、そのためにわざわざ修羅場をくぐらせることはないと思っています。

「ふるいにかける」では必要な人数を確保できない時代

結局、「修羅場が大事」と単純に言ってしまう上司は（私もたまに言ってしまうのですが……）、自分の武勇伝を語りたいだけだったり、自分の部下のことをよく知らないために、彼・彼女にとって適切な仕事のレベルを設定できなかったりしただけのケースも多いと思います。「挫折した経験のないやつはダメだ」というのは、多くの場合「思い込み」でしかありません。

もちろん、そんな修羅場を乗り越えてくる強い人材もいるはずですが、1学年に200万人以上の人がいた私たちのような団塊ジュニア世代ならともかく、この少子化、人手不足の時代に、**そんな「ふるいにかける」ような人材育成をしていては、自社に必要な人数の「良い人材」を確保できません。**要は、せっかく愛のムチを片手にがんばって育てているつもりの部下たちが、ほかのもっと働きやすい職場に逃げて行ってしまう、あるいはそもそもそういう社風の会社には入社を希望する人が少ないだろう、というのが現実です。

上司の役割は「自己効力感」の向上サポート

むしろ、今の時代の人材育成の方向性としておすすめするのは（この本の中でも何度も述べていることですが）、**若手人材たちの自己効力感の向上をサポートする**ことです。

適切な難易度の仕事をアサインして成功体験を積ませたり、ロールモデル（上司自身でも、適した先輩でもかまいません）をつけて疑似体験をさせてやったり、良いタイミングで適切な賞賛を行なうことで自信をつけさせたり、やる気が出るような職場の雰囲気作りをしたり、と、自己効力感を高める方法はいくらでもあります。

自己効力感が高まれば、挑戦心や成長意欲が生まれ、失敗にも強くなります。そしてその結果、上司の皆さんが期待する「成長」が見込まれるのではないでしょうか。

まとめ

- 適切なレベルのストレッチ課題を与えられてこそ、部下は実効性のある試行錯誤ができ、それが成長につながる。
- 「修羅場や挫折を経験することが大事」は単なる思い込み。
- 上司の務めは、若手人材の自己効力感の向上をサポートすること。

NGワード 20

「オレが若いときはブラックで猛烈に働いたなあ」

労働時間を減らせば、本当に生産性は上がるのか？

ここ数年、政府主導でどんどん広がってきている「働き方改革」は、「休み方改革」だと揶揄《やゆ》されるぐらい、どれだけ労働時間を短くできるかということに偏っているといわれています。

そもそも「働き方改革」とは、少子化で労働力の絶対量が減っていくことから、現在は世界の中でもかなり低い日本の労働生産性を上げようという意図から生じたものです。生産性とは、成果÷投入資源ですから、分母の投入資源である労働時間を減らせば生産性は上がる。そういう計算なのでしょう。「同じ成果を、より少ない労働時間で」という意味になります。

DATA

不信度	★★★
嫌われ度	★★★
バカにされ度	★★☆

しかし、そんな単純ではないことは誰もが知っています。労働時間が減ることで成果も減れば、結局、生産性は上がりません。

生産性を高めるには、能力開発か工数削減を行なうしかない

もし、同じ能力の人が同じ工数の作業を行なえば、成果はその労働時間に比例して上がったり下がったりするため、生産性は変わりません。逆に言えば、能力の開発を行なうか、工数を削減することができれば、少ない労働時間で高い成果を出すことができる、つまり生産性は高まるということです。

「労働時間を減らすと生産性が上がる」という素朴な理屈の裏には、少ない時間で仕事をすべき状況になれば、自分たちで何とか工夫して（この「何とか」というのが怪しいのですが）能力を高めたり工数を削減したりするのではないかという楽観論が混入しているのでしょう。何の根拠もなしに「おおっ、わが社ももっとアレコレＩＴ化すれば、時間も工数も削減できる！」などと言っても、単に面倒なことが増えるだけです。

さて、その際、この能力開発と工数削減はいったい誰の責任下にあるのでしょうか？

自己啓発的な文脈から考えれば、個々の社員が自律的に自分の能力を開発して、さらに自分の仕事の工数の削減案を出すべきだともいえるかもしれません。実際、それらができる人は有能な人として処遇すべきでしょう。

しかし、それでもできなければどうするのか？

私は、**最終的には社員の能力開発も仕事の工数削減も、経営やマネジメントの責任**であると考えています。近年の経営やマネジメントはすぐ社員に「自律」や「自走」などといったものを求めます。しかし、求めるのはよいとしても、できない場合の策が存在しないのであれば、責任放棄とそしられても仕方ありません。

かつての長時間労働は、デメリットも大きかった

そこで、表題の件です。

私も最初に入った会社は今なら確実に「ブラック企業」といわれるレベルで労働時間の長い会社でした（昔のことです。現在のことは存じ上げません）。おじさん世代は、長く働いたことで、いろいろな試行錯誤をして、結果としてさまざまな経験ができてよかったと思っている節があります。そのことから、労働時間に制限のある若者がかわいそうだと感じる

ことすらあり、それが表題のような発言につながるのかもしれません。

しかしその「さまざまな経験ができてよかった時代」の間、私はマンガは20年ほど読めませんでしたし、スポーツもする時間がなく、趣味らしい趣味も持てませんでした。ムダに長い労働時間で失ったものは大きいと、今では少しだけ後悔しています。

「ムダな仕事」をやり切ると温存されてしまう

そして、若い世代に申しわけなく思うのが、ムダな（非効率な）仕事を私がやり切ったために、職場にそのやり方が温存されてしまったことです。

たとえば私は、ものすごい数の面接をやり切りました。採用のピーク時は１日12時間も面接をする、しかもそれを２カ月程度も続ける、という激務を毎年行なっていました。そして、なまじ私がそれをやり切ったものですから、「面接はやればやるだけ良い」ということになってしまい、あとに続く人たちは大変だったと思います。

さすがに最近ではターゲティングの精度の向上や、適性検査でのスクリーニングを強化するなどして、むやみに面接をしなくてもよくなっていますが、それでも私が後続たちに面接以外のさまざまな場面での「ムダに長時間の激務」という負の遺産を背負わせてしまったことには変わりはありません。

もう1つ、「昔はブラックだった」という昔話の影にあるのは、「大変だったがオレはやり切った」という自慢です。しかし、上述のように、**若者からすれば「やり切った、じゃねえよ」です。**

「あなたがやり切ったから、いまだにこんなムダな仕事が残っている」「やり切るのではなく、〝こんなことできません〟と突っぱねたり、やり方を改善したりしておいてほしかった」というのが本音でしょうし、まさに正論でもあります。

悪意はないにしろ、**「昔はブラックだった」おじさんは、「工数を削減する」という責任を無自覚に放置したのです。そのうえ、上司になってからは能力開発も工数削減も「自律的にがんばれ」「自由と自己責任」では、若い社員たちに嫌われても当然です。**

「やり切ってしまった」経験や自負心の害悪

2016年に『やり抜く力 GRIT』(アンジェラ・ダックワース、ダイヤモンド社)という書籍がベストセラーになりました。その後、世の上司たちの「昔はブラックだった自慢」≒「オレはやり切った自慢」は加速したようにも感じます（同書の意図とはまったく別に）。本来なら改善すべき「やり抜いてはいけない」ことまでやり切ってしまうことは、害悪のほうが大きかったかもしれません。

私たち上司世代、**中高年世代は、もう一度、自分がやり切ってきたことを客観的に振り返ってみるべきでしょう。** そして、ムダだと思うことをやり切らないことで工数削減をがんばっている（かもしれない）若者たちを、「昔はブラックだった自慢」で暗に非難するのは、もうやめたほうがよいのではないかと思います。

まとめ

- 上司世代は「ムダな仕事」をやり切ったせいでそれが温存されてしまっていないか振り返るべき。
- 生産性を高めるには、能力開発か工数削減を行なうしかない。
- 能力開発や工数削減を「自律的にがんばれ」「自由と自己責任」でやろうとするのは無責任。

NG ワード 21

「失敗しても責任は私が取る」

DATA

不信度 ★★☆
嫌われ度 ☆☆☆
バカにされ度 ★☆☆

理想の上司は、昔「星野仙一」、今「内村光良」

明治安田生命保険が毎年全国の新入社員となる人を対象にした「理想の上司ランキング」というアンケート調査があります。

2022年の結果は、男性部門では、現在まで7年連続でタレントの内村光良さん（ウッチャン）が1位でした。「親しみやすい」「優しい」イメージが選出理由の70・5％を占めています。女性部門1位の水卜麻美アナウンサーも同じ理由が61・1％でした（ちなみに「理想の新入社員」男性部門1位は大谷翔平さん。これは誰が見ても納得、ですね）。

約20年前の2000年代を振り返ると、「闘将」と呼ばれた故・星野仙一監督らが同様のランキングの常連でした。「親しみやすい、優しい」と「闘将」ではイメージが大きく異なるわけですが、こんなことからも若手社員が上司として求める人物像がかなり変化してきていることがわかります。

「厳しさ」と「面倒見の良さ」が共存していた星野監督

私は生まれが愛知で育ちが関西だったこともあり、中日→阪神と監督を務めた星野さんのことは、ずっとファンでした。そのイメージは、鉄拳制裁も辞さない厳しさと、その裏側にある「最後の責任はオレが取る」という力強い包容力、面倒見の良さでした。

楽天の監督時代、日本一となったあと、メジャーに挑戦したいという田中将大投手を、自軍の戦力が大幅に下がることが確実であるにもかかわらず全面的に支援したことも、記憶に残るところです。自分の指導についてきたメンバーの人生すべてにコミットする。誰もがその姿に惚れ込んだものでした。

私はこの星野監督の人間像、上司像は今でも十分通用すると思います。

しかし、それは「本当に厳しさと面倒見の良さが両立するなら」です。星野監督の社会的影響力や人脈、財力があれば、確かに「部下の一生の面倒を見る」という言葉も現実的かもしれません。

また、四半世紀前なら、組織で働く会社員の上司でも、「ちゃんと会社の方針に従っていさえすれば、悪いようには絶対にしない」「責任は自分が取る」と確信を持って言えたかもしれません。

しかし皆さんもご存じの通り、当時の「約束」はのちの日本の「失われた数十年」の中で反故《ほご》となってしまいました。そんな今、「お前の人生の面倒は見るから」と言える人はどれだけいるでしょうか？

「自由と自己責任」からは、もうあと戻りできない

この数十年で「指示に従えば、責任は取る、面倒も見る」の代わりに流布した言葉が「自由と自己責任」です。

読んで字のごとく「自由にしていいよ、ただし責任も自分で取ってね」ということですが、嚙み砕くと「もうあなたの面倒は見られない、こちらに責任は取れないから、その代わりに自由にしていいですよ」というのが本音でしょう。

今では、雇用形態から人事制度、異動の仕組みまで、あらゆるところで「自由と自己責任」が広がり、日本の企業社会の常識となっています。

そんな時代に上司が「失敗しても責任は私が取る」と大見得を切っても、どこまで信用されるでしょうか？

もし部下に対して格好をつけたい、威厳を示したいがためだけにこのセリフを吐くならば、この本に出てくるＮＧワードの中でも最悪の部類に入ります。「できないことをできると言っている」つまり「ウソをついている」からです。

若手は、もし上司に「失敗しても責任を取る」と言われた場合、まず「責任って何？」と思うことでしょう。その仕事にトライし失敗しても、自分の評価に影響しない、それを保証する、ということでしょうか？

それならまだ好感を持たれ、納得もされると思いますが、もし「上司が非を認める」とか「社長や経営陣に謝罪する」「相手企業に頭を下げに行く」程度の意味でしかないのならば、「そんなことしてもらっても別に意味はない」と思うでしょう。

ですから、**上司は「責任を取る」と言うなら、意味を明確に定義しなければ、その言葉は若手社員の耳には空疎に響くだけになります。**意味さえ曖昧なままつかい方を間違えると、先述の通り上司としては「最悪のＮＧワード」ということになります。

⊘ 格好悪くても「自分で選ばせること」が誠実

今の時代、究極的には上司であっても責任など取れないことが多いものですから、相当な覚悟があるのでなければ軽々しく「責任を取る」などと言うべきではない、というのが私の意見です。

星野監督のような器の大きな人間に憧れるあまり、つい、自分の責任担保能力の範囲を超えて「責任を取る」と言ってしまいがちですが（実は私もそうです）、それは悪く言えば「騙し」になりかねません。

そうなるくらいであれば、**若手から「頼りがいのない上司」「格好悪い上司」と見られても、「最後は君が責任を取るのだから、自分で選んだらいいよ」と言うほうが誠実ではないでしょうか。「ただ、そのための協力はいくらでもするから」と付け加えることは忘れずに。**

⊘ 責任など取らなくていいから、ちゃんと指示してほしい

実際、冒頭の調査で新入社員が上司に期待することの１位は「的確な指示をしてくれる

こと」でした（44・４％が支持）。「責任を取る」に近い「面倒見の良さ」は、低いわけではありませんが５位です（25・０％が支持）。

この調査結果を踏まえて想像するに、若手が上司に対して感じていることは、「責任を取るとか取らないとかよりも、ちゃんと的確に指示をしてくれるほうがうれしい」ということではないでしょうか。**「責任を取るから言うことを聞け」ではなく「納得がいくまで丁寧に説明をし、指示を出すことに責任を持つ」ことが求められている**のです。

これからの時代、上司は度量さえあればいいというわけではなく、部下が自分自身で行動を選べるようにサポートをするタイプのほうが喜ばれるのかもしれません。

まとめ

- 今や良くも悪くも「自由と自己責任」が日本の企業社会の常識。
- 「失敗しても私が責任を取る」ことは事実上、不可能なので言ってはいけない。
- 部下が上司に求めているのは「納得がいくまで丁寧に説明をし、指示を出すことに責任を持つ」こと。

NG ワード 22

「もっと会社に貢献しなきゃ／愛社精神を持って」

DATA

不信度	★★★
嫌われ度	★★★
バカにされ度	★☆☆

急に到来した「エンゲージメント・ブーム」

２０１７年5月26日に日経新聞が報じた以下の記事は、日本人は愛社精神が高いものと信じ切っていた多くの日本企業に大きな衝撃を与えました。

「熱意ある社員」６％のみ　日本１３２位、米ギャラップ調査

世論調査や人材コンサルティングを手掛ける米ギャラップが世界各国の企業を対象に実施した従業員のエンゲージメント（仕事への熱意度）調査によると、日本は『熱意あふれる社員』の割合が６％しかないことがわかった。米国の32％と比べて大幅に低く、調査した１３９カ国中１３２位と最下位クラスだった。

これ以降、日本の人事部界隈では「エンゲージメント」という言葉が急激に注目を集め、重要視されることとなりました。あらゆるビジネス系Ｗｅｂサイトや雑誌で「エンゲージメント特集」が組まれ、さまざまな角度から「エンゲージメント指数」を測るためのツールが研究・開発されるようになりました。さながら「エンゲージメント・ブーム」とも呼べる様相です。

「エンゲージメント」の2つの意味

しかしながら、人事分野における「エンゲージメント」という言葉は、いまひとつ定義が定まらないままに広がっているように感じられます。私は、少なくとも次の２つは別のものとして区別されるべきだと考えています。

①「従業員エンゲージメント」……組織に対するエンゲージメント
②「ワークエンゲージメント」……仕事に対するエンゲージメント

①「従業員エンゲージメント」は、いわゆる「愛社精神」を含み、自社や職場、同僚に

対する忠誠心や信頼関係を示します。②「ワークエンゲージメント」は、「自分のやっている仕事」に対する愛着や熱意です。

先のギャラップのエンゲージメント・サーベイは、「Q12（キュー・トゥエルブ）」と呼ばれる極めて単純な（ように見える）12の質問を基本としています。「職場の誰かが自分の成長を促してくれているか」「職場に親友がいるか」「自分は仕事をうまく行なうために必要な材料や道具を与えられていると思うか」といったものです。

このQ12を1つ1つ意図を汲みながらよく読むと、この調査で測られているのが実は①だけでしかないことがわかります。「会社や職場に対する忠誠心のようなもの」だけを示しています。そして、「世界139カ国中132位」という調査結果に慌てた日本の各社は、「もっと愛社精神を高めなければ！」「ちゃんと仲間意識を持ってもらわないと！」と、「一体感を育てるための研修合宿」を開いたり、あるいは社内運動会を企画したり金曜日の夜にピザパーティを開いたりと、見当違いの施策を始めます。社員やその配偶者の誕生日には花束を贈るという粋な会社もあるようです。それはそれで楽しくもあり、団結力を高める効果もあるにはあるのでしょうが、企業の人事施策としてはどこかトンチンカンであるように私には思えます。

🚫「愛社精神」よりも「自分の成長」

残念なことかもしれませんが、実際のところ、日本の若い世代の「愛社精神」や「会社に対する忠誠心」はそう高くはありません。それらを高めようとあれこれ画策するのは、努力の割には意義の高いものではないと私は思います。

それよりも重視し、注目すべきは、②「ワークエンゲージメント」のほうです。ギャラップでは計測されていないので同列に並べて断言することはできませんが、少なくとも私が人事に携わってきた企業に限っていえば、**日本の若い世代は「自分の仕事に対する忠誠心」は他国に比べてもかなり高い**ほうだと感じています。彼らは「自分のやりたいこと」「自分の成長のためになること」などには実に誠実に向き合っています。

そして、強調したいのは、これを「愛社精神もないのに自分の成長ばかりを考えている、自分勝手なやつらめ」と責め立てるべきではない、ということです。

要は、順序が逆なのです。愛社精神を持たせれば良い仕事をするのではなく、**良い仕事を与えれば愛社精神が湧くのです。**先の言い方でいえば、②「ワークエンゲージメント」が高まれば、①「従業員エンゲージメント」は自然と高まるということで、これは実際にすでに多くの研究結果として認められています。日々やっている会社の仕事が面白ければ、それを提供してくれている会社には愛着を感じるようになる、コミットメントも高まっていく、ということです。

仕事を楽しめる環境を構築することが重要

この発想の転換さえできれば、エンゲージメントの高め方は単純です。成長感が得られるような仕事を与え、その仕事の意味や意義をきちんと説明する。自分でやってみたかったことのサポートをする。近年の若者が自身の成長や社会貢献を重視することは本書でも何度も述べてきた通りですが、これは私だけの主張ではありません。リクルートマネジメントソリューションズが行なったアンケート調査によれば、**Z世代が仕事をする上で重視するキーワードを順に挙げると、上から3つが「貢献（＝人や社会の役に立つこと、感謝されること）」「成長（＝自分が成長できること）」「やりがい（＝やることの意味や意義が強く感じられること）」**で、4つ目にやっと「仲間」が来ます。「金銭」にいたっては、11番目でした。

ワークエンゲージメントが高まると、結果として「組織市民行動」が生まれます。最近よく聞くようになったこの言葉は、英語の「ＯＣＢ（Organizational Citizenship Behavior）」

の直訳であるため直感的には意味がつかみにくいものですが、要するに、「自発的に自分の職務外の仕事をすること」、もっと噛み砕けば「フロアにゴミがあれば自然に拾って捨ててくれること」です（間違っても会社側から「今後は朝5分早く出社して、ゴミ拾いをするように」と言ってはいけません。逆効果です）。体調の悪い人の仕事を手伝う、同僚のミスを見つけたらいち早く指摘する、などもこれにあたります。組織市民行動が自然と浸透した企業では、業績の伸び率と社員の満足度の両方が高くなる、つまりＷｉｎ‐Ｗｉｎであることもわかっています。

「愛社精神」や「仲間意識」は、こういったことから生まれるものです。順番を間違えてはいけません。

まとめ

- ギャラップのエンゲージメント調査結果（世界132位）を鵜呑みにしてはいけない。
- 日本の若手の「仕事に対する忠誠心」は他国に比べて高い。
- エンゲージメントを高めるには、部下に成長感が得られるような仕事を与え、仕事の意味や意義をきちんと説明し、サポートする。

NG ワード 23

「会社は学校じゃない。金をもらっているのだからキツイのは当然」

DATA

不信度 ★★☆
嫌われ度 ★★☆
バカにされ度 ★★☆

いいえ、今や「会社は学校」です

多少負荷のかかる仕事を与えられてへこたれている部下に対して、「給料をもらってるんだから少々キツいのは当たり前だろう、会社は学校じゃないんだ！」と叱咤激励《しったげきれい》する上司——あまりに自明のことであり、何の違和感も覚えない、「なぜこれがＮＧワードなんだ？」と思われる方も多いことでしょう。ですので、ここでは詳細はあと回しにしまして、結論から述べてしまいます。

今はすでに、「企業は学校である」と考えるべき時代なのです。

「採れた人を教育し育てるしかない」という現状

いくつかの数字を見ていきましょう。

まず、採用について。現在、新卒採用において自社の「採用目標」を達成できている企業は、全体のわずか４割程度です。残りの６割の企業は、目標とした人数の新卒者を獲得することができていません（企業側がせっかく手間暇をかけて口説き、採れたと思っていても、新卒採用における最終的な内定辞退率は年々高まっており、リクルートの調査では２０２３年卒の場合は65・８％だと推計されています。１００人に内定を出しても、実際には34人しか入社してくれないのです）。

また新卒に限らずとも、２０２２年から２０２３年にかけての日本全体の完全失業率は、おおむね２・６％前後。完全失業率が３％を切った状態は「完全雇用」と呼ばれ、これは「あえて働いていない人などを除き、労働の意思と能力のある者がすべて働いている状態のこと」を指します。要するに、就労者側から見ると「働き口はいくらでもある状態」です。日本では２０１７年以降の７年間、常にこの完全雇用状態が続いています。

こうなると、**自社の仕事を回していくには「採れた人を教育して伸ばしていくしかない」**

のです。これが、私が「企業はすでに学校（教育機関）だ」と言う理由です。

⊘目の前にある「労働力の2030年問題」

さらに未来に目を向けましょう。パーソル総合研究所の推計では、2030年には7073万人の労働需要に対し、見込まれる労働供給は6429万人。つまり「644万人の人手不足」です。「労働力が1割足りていない状況」が目の前にあるということです。

こうなると、9人で10人分の仕事をこなせるよう、生産性を高めるしか手はありません。制度改革や技術革新、AIやロボットの導入などさまざま手立てが考えられますが、いずれにせよ「9人で10人分の仕事を回していかねばならない」という事実は変わりません。

やはり、**1人1人の生産性を上げるよう、教育を与えて成長してもらうしかない**のです。

⊘それだけではない「2030年問題」と、さらにその後

右では「労働力」に絞って述べましたが、それは世間一般で言われている「2030年問題」の一部でしかありません。同年には日本の人口の3分の1が65歳以上になると予想

され、また、出生率低下による15～64歳の生産年齢人口の減少も懸念されています。これにより、医療費や介護費の増大、地方の過疎化、公共インフラの逼迫《ひっぱく》など、社会全体の構造変化がほぼ確実なものとして予想されています。各企業は、労働力不足による人材獲得競争の激化とそれにともなう人件費の上昇のみならず、こういった社会の劇的変化に対応し続けていかねばなりません。

（悲観的なことを並べ立てて恐縮ですが――２０３０年問題の次には団塊世代が全員85歳をすぎる「２０３５年問題」、さらに最も人口層の厚い団塊ジュニア世代が65歳以上となる「２０４０年問題」と続きます。特に後者は「就職氷河期世代」とも呼ばれる不遇な世代。非正規雇用で賃金も低く、十分な資産形成も結婚もかなわず、退職金もない人が多いこの世代が一時《いちどき》に高齢者になることに対し、早急に対策を練らねばなりません。）

企業とは、労働と報酬の等価交換の場である

標題のＮＧワードについて、また別の見方をしてみましょう。

「こっちはお金を払ってるんだから！」という言い方を聞くと、私の頭には「カスハラ」という言葉が浮かびます。カスタマー・ハラスメント、たとえば飲食店などで「オレは客

なんだぞ！」という尊大な態度をとる迷惑行為のことで、昭和時代であれば「お客様は神様です」などと許容されていたそのような態度は、現代においてははっきりと「害悪」とみなされています。かつてはたかだか300円の牛丼に声を荒らげて文句をつけていた客に対してさえ、店員は必死に頭を下げていましたが、近年は社の指針の中に「従業員を守る」ことを明記し、迷惑客は客として扱わなくてよい、とする企業も増えています。

そこまで踏まえた上で、もう一度頭の中に思い浮かべてみてください。**自分の財布からお金を出しているわけでもない上司が、「給料を払ってもらっているんだからそれくらいのことは我慢しろ！」と過剰な労働を押しつけることは、もはや現代の風潮に即したものではない**ことがおわかりいただけるかと思います。

労働と報酬は等価交換です。そこに上下関係はありません。企業とは、その交換の場でしかありません。——と、このように言語化すると極論だと感じられるかもしれませんが、今の若手世代は（言語化しないまま）無意識に、そういう感覚を持っています。その感覚に共感できるかできないかは別として、私たち上司世代は、少なくとも「彼らはそういう感覚を持っている」という事実は知っておかねばなりません。

「部下をいかに教育し、伸ばしてやるか」が上司の仕事

繰り返しとなりますが、現代は企業がいくら金を持っていても人を採れない時代です。「採用競争」に力を尽くしたあとには、採れた人材に対しての「育成競争」が続くわけです。**時代はすでに「どう採用するか」よりも「どう育成するか」に視点を移すべき段階に入っている**ともいえます。今や企業は能力開発の場でもあり、これを平たく言い換えると「企業は学校だ」ということなのです。この傾向が加速化することは確実です。

今後は、単純に仕事を采配するだけではなく、いかに自分の部下の能力を最大化できるかが、上司の重要な仕事となっていきます。

まとめ

- 企業はすでに学校（教育機関）。仕事を回していくには、採れた人を教育して伸ばしていくしかない。
- 今の若手の意識は「労働と報酬は等価交換」。
- 今や「どう採用するか」よりも「どう育成するか」に視点を移すべき段階にきている。

NG ワード 24

「石の上にも三年。しばらくやってみよう」

DATA

不信度	★★☆
嫌われ度	★★☆
バカにされ度	★☆☆

どの分野にも共通する「1万時間の法則」

「1万時間の法則」という言葉をお聞きになったことがあると思います。フロリダ州立大学の研究結果にもとづき、英国出身の元新聞記者マルコム・グラッドウェルが2008年に著した『天才！　成功する人々の法則』（講談社）によって一気に広がった言葉で、「もともとある程度の才能を持っていても、超一流のアーティスト、スポーツマン、ビジネスパーソンらはみな、1万時間の下積み時代を経験している」という法則です。

1万時間といえば、1日5時間の練習を毎日重ねたとして、約5年半。モーツァルトはピアノの練習を、ビル・ゲイツはプログラミングを、イチローは野球を、これだけの膨大な期間続けて、やっと世に出て超一流になっているのです（ただし残念ながら、凡人が同じことをしても必ずしもそううまくはいかないのですが）。

この法則を知らなくとも、毎日のルーティンの繰り返しによりその人の技術が高まっていくことは、誰もが経験則として知っているはずです。「1万時間の法則」は、「石の上にも三年」に裏づけを与えた現代的な言葉だとも言えます。

この言葉がNGである理由は？

「ならば『石の上にも三年』という言葉は正しいじゃないか」と思われるかもしれませんが、これは基本中の基本であり、成長し熟達すること、させることを求める人ならば理解しておいて当然の前提です。それを知らぬまま上司が部下に「石の上にも三年」という言葉を使うと、「今回は失敗してしまったね。でも、根気よくずっと続けていれば、いつか成長する、できるようになるよ」と受け取られ、言われた側は「いつまでも同じこと」を続けるようになりがちです。この**「いつまでも同じこと」ではダメなのです。**

第2章（80ページ）でも、人が技術を身につけ、成長を重ね熟達していくためには「守《しゅ》破《は》離《り》という3つの段階を踏むことが大切だと説きました。そこでは主に「守」の重要性について述べました。成長、熟達する／させるためにまず必要なのは「守」、つまり既存の型を身につけることだ、という意味です（いきなり独創性を出そうなどとするのではなく）。いくら退屈であっても、先人たちが築き守り続けてきた「基本の型」を自分でも守り、身につけることがなければ、成長は始まりません。

さらにここで付け加えたいのは、右で述べたような**成長の第一段階だけでなく、「成長すること」や「熟達すること」の全体にも、やはりこの守破離が必要**だということです。まず「守」ができたあと、「次にその型を破り発展させ」「そしてやっと基本や応用から離れ、独創的かつ個性的な力を発揮できるようになる」――これは成長や熟達の全体を一本の芯として貫いている基軸であると考えてください。

そしてまずは型を身につけること（守）の中でも、「失敗したら次のことにトライしてみる」「それでもダメならまた違う形を」と、続けていくことが大切なのです。「いつまでも同じことを続ける」のではなく。モーツァルトは1万時間の中でずっと同じ曲を練習していたでしょうか？　イチローはずっと同じフォームで素振りを続けていたでしょうか？　そんなことはないはずです。「基礎固め」のためにも、トライ&エラーの繰り返しは必要です。この意味で、「石の上にも三年」という故事成句を誤解したまま安易に部下に対して使うことはNGなのです。

「守破離」の達成——コンフォートゾーンに入ること

「コンフォートゾーン」とは、一般的に「その人が慣れ親しんでいてストレスや不安を感じずにすごせる、心理的な安全領域のこと」と定義されます。

たとえば、私はリクルートの人事部でキャリアを積み始め、その後数社での経験を経て人事コンサルタントとして独立するまでに、２万人以上の就社希望者に対して面接を行ないました。今でもよく、講演会や就職イベントなどに出演している途中で「ちょっと模擬面接をしてみませんか？」と言われ、その場で手を挙げた学生らを相手に面接会を開いたりしますが、それがどんなに突然のことであっても、何の緊張もなくこなせます。それでも面接の精度を落としていません。私は面接に関して、コンフォートゾーンに入っていると言えます——が、ここで満足して足を止めてしまってはダメなのです。

飽きたら別のやり方を試し、より高みを目指す

たまにこの「コンフォートゾーンに入りっぱなしで、その安定した環境に居続ける人」を見かけることがあり、「もったいないなあ」と感じます。実はこの**コンフォートゾーン**

という言葉は、多くの場合、「そこまで達したならば、早くそこを抜けるべき状態」という文脈で使われます。

右で言ったような「コンフォートゾーン定住者」は、おおむね基本能力が非常に高い人であることが多いようです。なので、小手先だけで人より早くこのコンフォートゾーンという高みまで登ることに慣れています。そして、しばらくその平穏な地にいると、飽きてしまうのです。

1つの職務でこのゾーンに入ってしまうと、そこでもう満足してしまう。山道を登っていても、ある程度の高さまで登って景色のいい場所を見つけると、そこに座り込んでしまう。居心地がいいからです。草を分け入って別の野道を探せば、その先にはもっと高い場所があるかもしれないのに。そうでなくとも、小手先で得た技術など、数年も経てば古び、忘れてしまうものです。なのに、今度は「ここはもう極めた」「次の山に登ろう」と、転職してしまう。それも「同じくらいの高さの山」に。40代くらいで社内でもある程度の地位を固めた人が陥りがちな罠です。

コンフォートゾーン——その場所に慣れきり、快適になってしまったら、そこを離れてまた不快な場所から始めることができるかどうかが、その人がキャリアを高めたり、その幅を広げたりする鍵となります。同じ山の別ルートでなくとも、好奇心旺盛なタイプであれば、ある分野でゾーンに入り100人に1人の人となった時点で次の分野に移り、そこもある程度極めてまた100人中の1人となることができれば、掛け算して1万分の1の人材となります。そういうゾーンの抜け方も確かにあります。

いずれにせよ、「コンフォートゾーンを抜ける」ことが大切なのです。**同じ石の上に三年も座り続けて、居心地が良くなってしまい、ほかに動かなくなってしまってはいけません。**ましてや、上司がそれを是認しうながすような言葉を発してはならないのです。

まとめ

- 「石の上にも三年」と、部下に「いつまでも同じこと」を続けさせるのはNG。
- 成長の第一段階に限らず、成長全体において守破離が必要。
- コンフォートゾーンとは「そこまで達したならば、早くそこを抜けるべき状態」を指す。居続けては成長できない。

column

マネジメントに流行は必要か?

人事の世界に身を置くと、次から次へと流行が生まれるのを実感します。「アメーバ組織」「コンピテンシー」「成果主義」「ジョブ型」「エンゲージメント」「健康経営」「パーパス」など。もちろん、それぞれ時代的意味があります。たとえば、失われた30年で停滞した日本企業が能力主義での人件費向上（業績は伸びなくても人は成長するので能力主義だと給料が上がり続ける）に耐えられなくなり、対策として「成果主義」（成果と報酬の連動）を打ち出した、などです。それぞれ背景があっての流行ですが、気になるのは「流行りの新しいマネジメントが良い」と無批判に考える人がとても多いことです。時代の趨勢と個社の事情は違いますし、成果主義をポジティブにではなく、仕方なく導入する企業もある中、流行だからと嬉々として自社にも取り入れようとするのはいかがなものでしょうか。マネジメントに古い新しいはありません。あるのは自社への適否だけです。

第5章

「この人、頭が固いなあ……（もしかしたら頭が悪いのかも）」

と思われてしまう残念な上司の言葉

NG ワード 25

「その話のエビデンスは？」

初めての経験に「エビデンス」などない

一応はコロナ禍も収束しつつあるといわれる中でも、混乱はまだまだ続いています。渦中にあっては急ごしらえのリモートワークなどで応急処置をしてどうにか対処したものの、今後は何をするのが正解なのかが誰もわからず、人々はさまざまな情報に惑わされながら右往左往しています。

そのコロナ禍の最中に、ノーベル賞受賞者で京都大学iPS細胞研究所所長の山中伸弥教授の発言に注目が集まりました。いわく「今大切なのは、待たずに早く対策をすること。『対策にエビデンスはあるのですか』という議論もあるが、エビデンスを待っていたらいつまでも対策できない。人類が初めて経験しているのですから」といった内容でした。

DATA

不信度	★★☆
嫌われ度	★★★
バカにされ度	★★★

コロナ禍とは事の重大さが違いますが、これは、私たちが新しいことに取り組む際にも当てはまる話ではないでしょうか。

ファクトとロジックで「ダメなもの」はわかる

ＭＢＡやコンサルタントがビジネス界を席巻し始めて、数十年が経ちます。それまでは各社の経験と勘でなされていた経営上の判断が、彼らによって「科学化」されていき、どんな判断も、事実（ファクト）を踏まえて、論理的に推論していく（ロジック）ことが重視されるようになりました。

そして、企画の提案者は、根拠となる事実（エビデンス）を基に、「なぜその企画が当たるのか」という論理的な説明を求められるようになりました。

この傾向がもたらした最も良い側面は、これにより「論理的に絶対にできない」ことがわかるようになったことです。ファクトに矛盾する現象は起こり得ないからです。そして、以前なら「成せば成る」「できないのは根性が足りていないからだ」といった前近代的な考え方の上に立って出されていたような企画や提案、命令も、不可能なものは不可能なものとして、排除されるようになりました。

🚫「エビデンスがまだない」＝「ダメ」ではない

しかし、これには副作用がありました。それは、根拠となる事実がまだ見つかっていない場合、企画がなかなか通らなくなったことです。「矛盾する事実があればダメ」というのは明確ですが、「支持する事実（エビデンス）がない」ことは即ダメだとはいえません。それがまだ見つかっていないというだけかもしれないからです。

ところが、**本当に新しいことに挑戦する場合、往々にしてエビデンスは「まだない」ものです。**iPhoneが登場する前、もし提案者が「なぜそれが当たるのか、エビデンスを出せ」と言われていたら、iPhoneはこの世に現れてはいないはずです。

🚫エビデンスにこだわると二番煎じしかできない

あらゆることにエビデンスが求められるようになると、まだ世にないタイプのものを企画した提案者の「エビデンスは未だ発見できていないが、自分のアイデアを市場にぶつけたいから、実験をさせてくれ」という熱い思いが上司に通用しないことになります。つまり、すべては「すでにこの世にあるものの二番煎じ」になってしまいます。その会社が何か革新的な商品やサービスを生み出すことはありません。どこかの企業が作ったものを見てから、二番煎じ、三番煎じとして、あと追いで類似品を作るしかありません。もちろん利益を得るのは先行者です。

研究開発費をかけずに、あえて二番煎じ戦略で行くというのならば話は別ですが、その戦略が取れるのは後発でも力づくでシェアを取りに行けるパワーのある会社だけです。今の日本に、そんな会社はどれだけあるでしょうか。あったところで、そのパワーは、台頭著しい各国企業をもしのぐことができるほどのパワーでしょうか。

本当に大切な「エビデンス」は、やってみて初めて手に入る

やってみなければわからないことはいくらでもあるのです。元マッキンゼーでDeNA創業者の南場智子さんは著書『不格好経営』（日本経済新聞出版）で、「不完全な情報に基づく迅速な意思決定が、充実した情報に基づくゆっくりとした意思決定に数段勝ることも身をもって学んだ」と述べています。

さらに「コンサルタントは情報を求める。（中略）が、事業をする立場になって痛感したのは、実際に行動する前に集めた情報など、たかが知れているということだ。本当に重

要な情報は、当事者となって初めて手に入る。（中略）それでタイミングを逃してしまったら本末転倒、大罪だ。」（同書）と、エビデンスを求めすぎる愚を指摘しています。

では、エビデンスがない企画に対して、経営幹部の一員としての上司には何が必要でしょうか？

それは、裁判官のような顔をして**その企画が「正しいかどうか」と判断しようとすることではなく、能力があり信じることのできる部下が持ってきた企画なのであれば、覚悟を持ってそれを決裁してみよう、という「決断力」**です。

そして、「正しい企画なのかどうか」（そんなことはやってみなければ永遠にわかりません）ではなく**「選んだ企画を正しいものとする」ことに全力を尽くすべき**です。これこそが、アイデアと熱意のある若手とその上司との理想の関係ではないでしょうか。

⊘ エビデンスを求めすぎる上司は言い訳を探している

若手メンバーから見れば、どんな企画に対してもエビデンスを求めてくるような上司は、実は単に自分自身が「リスクを取りたくない」「正解だとわかっていることしかしたくない」

「失敗したときの言い訳がほしい」と思っているようにしか見えないことでしょう。要は、自分の保身ばかり考えている人だということです。そのような上司が部下から尊敬されることはありません。

ファクトとロジックが大事なのは百も承知ですが、部下にそのことを指導しているようでいて、無意識のうちに自分の中に上述のような保身がないか、胸に手を当てて考えてみるとよいと思います。

まとめ

- ファクトとロジックで考えることも、エビデンスも大切だが、それだけでは「新しいもの」を生み出すことはできない。
- ビジネスにおいては「正しくなるように実行する」が正解。
- エビデンスを求めすぎる、保身に走る上司は尊敬されない。

NG ワード 26

「その話は論理的でないよ（説明になっていないよ）」

「論理的でない」という死刑宣告

部下が上司に企画の資料などを持っていくと、フィードバックとして頻繁に出てくるのが「論理的でないなあ」という言葉です。そう言っておけば賢げに聞こえるからなのか、それしか言わないでただ「やり直し」というような人もいます。

先述したようにMBAやコンサルタントが台頭し、ロジック至上主義ともいえる昨今のビジネスの世界においては、「論理的ではない」と言われることは全否定、いわば死刑宣告のようなものです。言われたほうは、一言も返すことができないかもしれません。

一方でこの「論理的ではない」というフィードバックは、あまりに安易に多用されるために、すでにその「中身のなさ」を見透かされている言葉でもあります。若い部下たちは

DATA

不信度	★★★
嫌われ度	★★★
バカにされ度	★★★

それを聞いて、己を顧みるより先に「不親切だな」「もっと意味のあることを言えないのかな」などと、なかば見下すように思っていることもあります。

そもそも、「論理的である」とはどのような意味なのでしょうか？

実際に上司が部下に対してこの言葉を使っている場面を想定すると、その意味合いは、「筋道が通っている」「前提条件と結論に明確な因果関係がある」「主張の根拠がわかる」「話に飛躍がない」というようなことを指しているはずです。

しかし、これらはすべて、受け手側である上司が理解できたかどうかにかかっています。つまり、**「論理的でない」というのは「その文章の論理がオレには理解できない」という意味でしかない**可能性がある、ということです。

確かに「その文章が実際に論理的に間違っている」という可能性はあります。多くの場合はそうでしょう。

しかし一方で、上司自身の知識不足やその古さ、思考力の欠如によって「その文章が述べている論理を理解できない」ということもあるはずです。そこを上司の強い立場から一方的に、「部下のほうが論理的ではないのでわからない」としてしまっては、反発を食らうのも当然です。先ほど言ったように、あからさまに部下に見下されることがあるのも、これを見透かされた場合です。

受け取り側の非はないのか？

もちろん、よく言われるように、「伝わらなければ、伝えていないのだ」というのも正論です。ただ、一方でこうも思います。私は昔、数学の講師として、図形の証明問題などを教えていました。数学には「定理」や「公式」というものがあり、これはすでに正しさが担保されているものとして共有され、論理の流れをスキップするためにまとめられたものです。が、この「定理」や「公式」を知らない人は、すでに明白なことをスキップできず、1つ1つ自分で順を追ってたどっていかないと、「なぜこの仮定からこの結論が導かれるのか」が理解できません。「定理」や「公式」を使える人にとっては単なる短い一本道に見えることでも、そうでない人には論理的飛躍に見えている、そんなケースはいくらでもありました。

数学のように用語が明確に定義されたものでもそうなので、ビジネスの場ではその程度がよりひどいものとなります。ビジネスシーンで使われる言葉には「含み」や「裏」を持っているものも多いものです。周辺情報を共有している者同士なら理解できることでも、そうでない人にとっては論理が飛躍しているようにしか見えません。

同様に、**上司側が部下にとっては当たり前の「含み」をわかっていないため、部下の言うことが理解できない、「論理的に見えない」ということもあるのではないでしょうか？**

「上司は自分を見てくれていない」

もう少し詳細に、部下の立場に立ってその気持ちを考えてみましょう。彼の提案が論理的に一本の筋が通ったものであったとします。しかし、論理の流れを１つ１つ説明するのは冗長なので、「自分の仕事を日々きちんと見てくれている上司なら、この部分は理屈を端折っても理解してくれるだろうから大丈夫だろう」と、論理の筋道をスキップしたのだとすればどうでしょうか？

そこに**上司から「論理的でない」「意味がわからない」とだけ一方的にフィードバックされれば、「この人は自分の普段の仕事を全然見てくれていないんだ」「自分のことを理解しようとしてくれていないんだな」と思ってしまうかもしれません。**上司と部下の信頼関係の基本は相互理解です。相手がスキップした論理が見えず、そこを埋める手間を惜しんだだけで、その人間関係に傷がついてしまうこともあるのです。

さらに最悪なのは、上司が自分の理解できていないない論理の「ミッシング・リンク」の部分を指して、「こんな理屈の通らない（と自分が思っている）ことを言うからには、部下は何かそもそも言いたい主張が先にあって、それにこじつけて論を張っているんだろう。こいつの本音は何なんだろう?」などと、性悪説に陥る場合です。

わからないことに対してすぐに自分の妄想を投影してしまい、部下に悪意があると認定する。これを部下に察知されると、せっかく良かれと思って提案したのに、変に勘繰られ疑われまでして、「この上司は思い込みが強くて面倒くさい人だな」「いちいち人のことを悪く見るんだな」と、上司への信頼は地に落ちてしまいます。今後は、上司に率直な提案、ストレートな物言いをすることはためらうようになるでしょう。信頼してものを言うことで悪く思われることがあるのなら、当然です。

「論理」がわからなければ、まず自分を疑う

論理は長くなると、当然、追うのが難しくなります。そのために人間は公式や定理、常

識、理論を生み出して利用しているわけです。そう考えれば、相手が理解しやすく、また、短く端的な話をしようと、公式や定理などを使っているのは発信者側の善意であり努力です。なので、相手側の発言が論理的でないと感じたときには一度、「自分の側に知識不足、理解不足がないか」などを疑ってみてください。

上司たるもの、部下がなかなか論理をつなげられないときには、突き放すように「論理的じゃないよね」と言い捨てるのではなく、自らその「ミッシング・リンク」を見つけてあげるくらいでありたいものです。

まとめ

- 「自分には理解できない」が「論理的ではない」になっていないか？
- 一方的に突き放すと「自分を見てくれていない」「信頼されていない」と思われてしまうおそれがある。
- もし部下の論理がつながっていないのであれば、つながるようにミッシング・リングを見つけてあげる。

NG ワード 27

「オレはこうやってうまくいった。だから君もこうしなさい」

DATA

不信度	★★☆
嫌われ度	★★★
バカにされ度	★★★

中高年男性はなぜ歴史モノが好きなのか?

中高年になると、特に男性は、歴史をテーマとした小説やドラマを好むようになることがよくあります（私自身がそうです。申しわけありません、この項では私事《わたくしごと》が頻出します。かつて勤めたライフネット生命で、その創始者であり、歴史の碩学《せきがく》でもある出口治明氏に出会ったことで、40代も間近になった頃にその奥深さと面白さに目覚めました）。そして歴史好きたちはこぞって、日本史や世界史に登場する偉人たちから何かを学ぼうとします。これ自体は悪いことではありません。

私はその理由を「歴史はすでに確定し結果の出ている、動かしようのないものだから」ではないかと考えています。つまり、歴史は「今これがこうなっているのは、あのときにあれがああなって、誰々がどうしたからだ！」と「過去の経緯」がわかっているからこそ面白く感じられ、また安心して楽しめるのです。

たとえば、京都の町屋が細長い「うなぎの寝床」と呼ばれる形をしているのは、豊臣秀吉が家の間口の広さに応じて課税をしたことに対抗する庶民の知恵だ、間口を狭くしそのぶん奥行きを伸ばしたのだ、と聞けば、「へぇ！」となります。面白いですよね。

⊘若者は「過去の経験」には興味なし

ところが、若い人にとってはどうもそうではないようです。京都で思春期の息子に「ほら、あれを見て。うなぎの寝床っていってね、あれには、こういう由来があるんだよ」とドヤった顔で説明しても「ふうん。で？」と素っ気ない返事しかもらえず、寂しい思いをしたことがあります。

同様に、上司が親子ほど年の離れた部下に対して自分の過去の知見をもとに「そういうときは、オレはこうやってうまく乗り越えた。だから君もこうしてみなさい」という親切な（つもりの）アドバイスをするのはよくあることでしょう。ですが、「過去の経緯」に対する感性は、若い世代と中高年ではまるで異なります。上司にとっては過去の成功体験は大切な宝物かもしれません。しかし若者は、将来自分自身の宝物になるかもしれない「今」を生きているのです。極端に言えば、**今自分が相対《あいたい》している問題について、他人の「経験」などどうでもよく、よけいな茶々を入れられたくない**のです。

会社の歴史も、事業の変遷も、仕事の改善の経緯も、歴代の前任者たちが連綿と続けてきたことも、どうでもいい。自分の仕事のスタートラインさえわかっていればいい。今の若い世代はそういった感覚を持っていることが少なくありません。

それなのに上司連中が自慢げに、部下に向かって求められてもいない「過去の経験」を語る。「ちなみに、オレが君ぐらいの年だったときにはね」と。聞かされたほうは「それ、バブル期の話でしょ。参考にならないよ」と、うっとおしく感じたりもしています。**「で、君のその問題、なんでこうなったんだっけ？」と、これもまた過去のことを詮索されるのも、仕事のアラ探し、犯人捜しをされているようで、イヤがられます。**

🚫不要な「過去の経緯」は役に立たない

とはいえ、上司が部下に自分の成功体験を伝えることは、必ずしも悪いことではありません。過去の成功体験をなぞれば、成果が出やすいのは確かです。経験則は、ベストではなくても一定の結果は望めるものです。冒険するよりもリスクは少ないでしょう。

しかし、良いことだとも言い切れません。ローリスクでも、時代が変わり、ローリターンになっている可能性があるからです。もしそうなのであれば、できるだけ素早く大きな成果を出すことが必要な現代には、まったく適していないことになります。時代が変われば、それにともなって何事も変化していくのは当然のことです。

事実、先ほど私がドヤ顔で息子に話したと書いた「京町家のうなぎの寝床の由来」も、現代の研究では完全に否定されているようです（江戸時代でさえいわゆる「京町家」は全体の２％しかなく、97％は明治が始まる直前の元治の大火（１８６４年）で都が焼けたあとに建てられたものだという調査があります。その一方で、時代を１０００年ほどさかのぼった平安時代、都にできるだけ多くの人を集めようとしたことがゆえんだとする説もあります。私のドヤ顔はどこに納めればよいのでしょう）。

ビジネスを取り巻く環境だけを見ても、高度経済成長期、バブル期、その後訪れた大不況期、ＩＴが中心となっている現代と、目まぐるしく変化しています。

それぞれの時代に活躍した世代の「成功譚」など、役には立ちません。生まれ育った時代、世代が違えば、感覚も違って当然です。

後進を育てようという「世代性」を獲得するには、前提として「現在という時間は孤立したものではなく、悠久の過去とつながっている」ことを確信しなくてはなりません。「時間の連続性」を感じることで、「今ここで」やっていることはきっと何かに影響を与えて未来へとつながっていく、無益なことではない、と希望を持てるわけです。

この確信を得るため、上司世代の多くは過去と現在とのつながりである歴史を、必死で確認しているのではないでしょうか。だから、「今こうなっている」ということがどんなに明確でも、それだけでは満足せず、必ず「どうしてそうなったのか？」という経緯や原因の究明を行なってしまうのです。

🚫 不安でも一緒に前を向いていきましょう

ビジネスにおいてもそうです。もちろん、重大な事故のあとの再発防止を考える際など、問題の質によっては「過去の経緯」を振り返った上での原因分析は必要です。しかし、それはサンクコスト（埋没費用）のように「終わったこと」として諦めるしかないものであり、あえて忘れて前を向いて進むほうが生産的な場合も多いものです。それでも上司たちは、「確実な過去」を把握していないという不安ゆえに「で、何でこうなったんだっけ？」と聞いてしまうのです。

上司の立場から過去の経緯を把握しようとしているつもりでも、実は個人的な不安がそうさせていることがあります。**上司はまず、「この過去の経緯を聞くことは本当に必要だろうか？」と自問自答すべきです。必要だと確信できないならば、黙っておくのがよいでしょう。自分語りをグッとこらえ、部下の「論理」に耳を傾けるべきです。**ときには、上司にとっては危なげにしか見えない「新しいやり方」を試させてやることも必要です。

そして、上司は自分自身の思考のバージョンアップも常に心がけておかねばなりません。

まとめ

- 若手が関心があるのは過去ではなく、自分の仕事のスタートライン。
- 上司世代の「成功譚」は今のビジネス環境において役に立たない。
- 自分の「過去の経験」をあえて話さずに、部下の「新しいやり方」を試させてやることが必要。

NG ワード 28

「経営者目線で考えろ」

「経営者目線」という言葉に対する誤解

パナソニック創業者の松下幸之助氏はかつて「社員は社員稼業の社長」という言葉で、まさにそれぞれの社員が経営者の目線をもって働くことを推奨していました。

いわく、「自分は単なる会社の一社員ではなく、社員という独立した事業を営む主人公であり経営者である、自分は社員稼業の店主である、というように考えてみてはどうか」（『社員稼業』ＰＨＰ研究所）。

そう考え、上司や同僚も「お客様」「お得意先」とみなして働くほうがアイデアも出て楽しいのではないか、自分のためにも会社のためにもなるのではないか、ということです。

現代ならばこれを「やりがい搾取《さくしゅ》」と呼ぶ人もいるかもしれませんが、私は松下氏の言

DATA

不信度	★★★
嫌われ度	★★★
バカにされ度	★★★

葉に共感します。同時に、世の中ではこの「経営者目線」という言葉が大きく誤解されたまま流通しているとも感じています。

若者が敬遠する「経営者目線」

松下氏のこの言葉が流布したことも一因なのか、現在では日々いたるところで上司たちが部下の若手に向かって「経営者と同じ目線に立て」と言います。しかし、それを受けた若手にはあまり響いていないようです。言い分を聞いてみると、「自分は経営者じゃないし」「経営者とは役割が全然違うし」「給料の額も違うし」と、どちらかというと否定的な言葉が並びます。「なぜ経営者目線が必要なのか」「経営者目線でものを考えたら、何が良いのか」が伝わっていないのです。

そもそも、「経営者目線」とは何なのでしょうか？

普通に考えれば、「もし自分が今勤めている会社の経営者だったらどう考えるか？」ということでしょう。多くの上司たちが言っているのもこれです。「君が今この会社の経営者だったらどうするか、そういうつもりで考えて行動しろ」と。

しかしよく考えてみると、この意味での「経営者」と、松下幸之助氏の言う「経営者」とはずいぶん意味合いが異なっています。

松下氏が言っているのは、「今の自分の仕事がそのまま1つの会社であった場合に、自分は経営者としてどう考えるか？」ということです。「うちの会社の社長の気持ちになれ」などとは言っていません。それどころか「社員稼業に『徹しろ』」とさえ言っています。「今の自分の仕事に集中しろ」ということです。

「利己」的に働くからこそ自発的になる

松下氏は「自分のことだけを徹底して考えてきちんと動けば、結果としてうまくいく」と言っているように私には聞こえます。「つまり利己的でいいのだ」と。人は自分のためにと考えればアイデアも出ますし、努力もできます。

ただ、多くの人は、この「利己的であること」すらできていません。自分の仕事のイヤな部分だけを拾って集め、グチをこぼす。ましてや「会社や上司に媚びを売ったら自分の負けだ」と、誰のためにもならないことを考えていたりもします。それではまったく「己を利する」ことにはなりません。

そうでなく、もっと**正しく「利己」的に、つまり自分にメリットがあるように考えれば、「経営者や上司に役立つことは何か？」と自然に真剣に考え、行動するようになります。**その結果として上から評価され、さまざまな方面からも信頼を得るのは当然の流れです。利己的に考えるからこそ、自律的・自発的になるのです。

⊘ 巷にある勘違いの「経営者の目線」

ところが、よく上司の皆さんが言う「経営者目線」は、「うちの経営者のために働け」、つまり「自分を捨てて会社のために働け」という「利他」を強要するようなニュアンスが先にあるように聞こえます。「滅《めっ》私《し》奉公《ほうこう》」という、古臭い言葉を思わせます。

そうするとどうなるか——多くの場合は、「自分の頭では考えず、言われたことだけをやる」という状況が生まれます。

先に述べた「利己的に考えるからこそ、自律的・自発的になる」のとは真逆に、「利他的に考えろと言われるから、従属的・反抗的になる」と、まったく逆の効果が出てしまいます。同じ「経営者目線で」という言葉の捉え方の違いだけで。

社員が勝手に「経営者の目線」になったらどうなるか?

そもそも経営者は「会社全体」にとって最適な判断を下す立場の人です。場合によってはそれが会社のためになると思えば、ある社員が今せっかくがんばっている仕事から撤退することを命じることもあります。一方、社員は「任された範囲の中」で最適な判断を下す立場の人です。よそ見せず、自己判断をせず、まずはミッションをクリアすることに全身全霊をかけることが使命です。

それを、勝手に経営者の立場に立ってしまい「これってやめたほうがいいよね」とミッションをやめてしまったらどうなるでしょうか? 組織はバラバラになってしまい、事業は成り立たなくなるでしょう。もちろん経営者の立場を本当に理解して、適切な提案を上司や経営者に対して行ない、それが受け入れられた結果、自分のミッションが変わるというのであれば素晴らしいと思いますが、それはかなりハイレベルな話です。

自分の仕事を部下に押しつけるな

結局、**若手はまずは自分の与えられた仕事に集中しているのが一番良いのです。**それは

「会社のために言われたことをする」ということではなく、与えられた仕事の中で最も高い効果を出すためには何をすればよいのかを自発的にどんどん考えるということです。それが松下氏の言う「社員稼業の経営者」なのだと私は思います。

現実的にはなかなかわかるはずもない「（自社の）経営者目線」を想像して勝手な判断を自分の仕事に紛れ込ませる必要はありません。**むしろ「（自社の）経営者目線」を持つべき人は、経営者からオーダーを受けて部下に仕事を配分する役目である管理職**です。部下に対して「（自社の）経営者目線を持て」と言っている上司は、本来自分がすべき仕事を部下に丸投げしていないか、振り返ってみるべきでしょう。

まとめ

- 本来の「経営者目線」は、「今の自分の仕事に集中しろ」という意味。
- 部下が「利己的」を正しく理解すれば、「経営者や上司に役立つことは何か？」と自然に真剣に考え、行動する。
- そもそも経営者目線を持つべきは、権限を持つ管理職。

NG ワード 29

「教えてもらおうとするな。自分で見て盗んで覚えろ」

見て盗むしかない仕事は、確かにある

一流のシェフを目指して単身フランスに渡り、苦労して星付きレストランの厨房スタッフとして雇われたものの、半年経っても1年経っても食材どころか包丁にもフライパンにも触らせてもらえない。任されるのは床掃除と大量の皿洗いだけ。若者は、先輩たちの見えないところで客の皿に残ったソースに指を這わせて舐め、その味を覚えていくしかない——映画などでよく描かれる光景ですが、特に「独創性」に価値が置かれる分野では、今でもこういう「仕事は見て盗め」方式は少なくないようです。陶芸などの職人文化や、歌舞伎などの伝統芸能がまさにそうだといわれますが、一般企業においても、いまだにこういった昭和の職人気質的な態度で部下に接している上司はいるようです。

DATA

不信度	★★☆
嫌われ度	★★☆
バカにされ度	★★☆

⊘「見て盗め」と言ってしまう理由

これには、「自分の独創性を奪われたくない」という意地の悪い発想もあるにはあるのかもしれませんが、ほかにも２つの理由があると考えられます。

まず、たとえば歌舞伎や落語の「間合い」は、「ハイ、ここで１・８秒間《ま》を置いて」などと教えられるものではありません。漫才やコントの絶妙な掛け合いも、先輩たちの芸を見様見真似で自分たちで繰り返し試し、身につけていくものでしょう。

もう１つの理由は、これは第２章（60～61ページ）でも述べたことですが、「優れたプロは、意識せずともできてしまうので、自分の仕事を言語化できない」です。長嶋茂雄さんがホームランの打ち方を聞かれ、「スーッと来た球を、ガーンと打つんですよ」と答えたというエピソードも、これをよく表しています。無意識なので、きちんとした言葉で説明できないのです。

平成に入ったあたりからこれら昔ながらの「見て覚えろ方式」の業界も改革が進み、料理人には料理学校、芸人には養成所、スポーツ選手にはスポーツ科学がその基礎を支えるようになっています（それでもやはり最終的な「名人芸」は、「見て盗む」しかないのでしょうけれども）。

伝統芸能などですらそうなのですから、**効率化が至上命題の一般ビジネスにおいては、この昭和遺産的な「見て覚えろ、盗め」は当然もう通用しなくなっています。**それを言う上司は「クールでカッコいい職人気質」と尊敬されるのではなく、「仕事を教える能力のない人」、あるいは「保身のために自分の仕事を他人に渡したくない人」とみなされてしまいます（もしかしたら世代的に口下手なだけかもしれませんし、自分が受けた教育法を繰り返しているだけなのかもしれないのですが）。

コロナ禍によるさらなる「教え方」の変化

そしてだんだんと変わりつつあった「仕事の教え方」をさらに急激に変化させたのも、やはり、2019年末から3年半にもわたって続いたコロナ禍です。中でも企業活動のあり方全体に顕著な影響を与えたのが、テレワークの急増でした。

元々、コロナ以前からも「働き方改革」は進められていましたが、そこで語られていた未来像はリアルなオフィスへ通勤することを前提としたものでした。ですから、多くの場合その論点は「残業時間規制」や「時短」など、時間の自由度を増すことにありました。そこに忽然と現れたコロナが、前提など完全に踏み倒して「まず職場に人を集めるな」「満員電車にも乗るな」「いや、そもそも人と会うことを避けろ、家から出るな」という異常事態を発生させたのです。

一般的な企業の、特に事務作業の多くは、それこそＰＣとスマホがあれば自宅でもカフェでもできるので、コロナ禍以前から「ノマドワーク」として一部では定着しつつありました。ノマドワーカー用のコワーキングスペースなども増え、「現代的でスタイリッシュな働き方」として憧れられたり、あるいは「カッコつけ」として揶揄されたりもしていました。その評価はさておき、コロナ以前のリモートワークは、その程度のものでした。

ところが、コロナ禍ではまず「打ち合わせをする」「情報を共有する」ということがほぼすべてＰＣ画面越し、インターネットやサーバ越しのものとなりました。これには当初こそ違和感が大きく混乱も生じたものの、多くの人は意外と素早く適応していきました。次第に余裕が出てきて、「Zoom飲み会」なんてものが流行したりもします。緊急時だとはいえ、人間には意外と適応能力があるものですね。

しかし、いくら画面越しのＷｅｂ会議に慣れ、その便利さに気づいたところで、「仕事を教える」ということに関しては、やはりリモートに頼ることに不安を覚えている人は多いようでした。教える上司側にも、教えられる部下側にも、です。

私のような中高年者は、「リアルに会わないと人間関係なんて構築できないのでは?」と、まず思ってしまいます。ましてや、仕事を教える、教わることについては、そばに立って相手の顔を見ながら、手取り足取り——といった方法がとれないと不安になります。しかし、よく考えてみますと、私たちが一度も会ったことのない作家や思想家に心酔し、そこから多くのことを学んでいることはよくあることです。古典の書物に触れれば、故人からさえ知見を得ることができます。歴史上の人物から仕事観に大きな影響を受けた人も多いことでしょう。そして、そこには必ず「言葉」がありました。**「会うか会わないか」ではないのです。「言葉があるかないか」なのです。**

🚫結局、「言葉にすること」がキモ

そこで本題に立ち返ります。**他人にものを教えたり影響を与えたりするためのキモは、やはり「何でもきちんと明確化、言語化する」ことだと私は考えます。「見て覚えろ」ではなく、きちんと言葉で教えてやるべきなのです。**

日本人は、世界で最も共通の知識や背景を多く持つハイコンテクストな民族ですので、言葉に頼らず「あうんの呼吸」でコミュニケーションを重ねてきました。「明確化、言語化」は得意ではありません。単なる語彙力の問題ではなく、これまで無意識でしてきたこと、不文律になっていることを自覚する必要もあります。

実は本書ではこれと同じ、「言語化することの重要性」を何度か違う言葉で繰り返して述べています。第2章にある「暗黙知の形式知化」や「マニュアル化」などがこれにあたります（60ページ）。もしよろしければ、読み返してそれらの置かれた文脈がどう関連し合っているかを確認してみてください。

まとめ

- 今や「仕事は見て覚えろ、盗め」と言う上司は「仕事を教える能力のない人」「保身のために仕事を囲い込む人」とみなされる。
- 仕事を教えるときは「何でもきちんと明確化、言語化する」。
- ただし、日本人は「あうんの呼吸」でコミュニケーションを重ねてきたので「明確化、言語化」が不得意なことを自覚する必要がある。

NG ワード 30

「努力は裏切らない」

部下に「ムダな努力」をさせるな

部下を鼓舞するときに「努力は決して裏切らない。どんな結果になろうとも、いつか必ず役に立つから」と、そんなことを言ったことはないでしょうか？

しかし、その言葉に根拠はあるのでしょうか？

確かに、「努力」のおかげで良い結果にたどり着いたことは、誰もが何度も経験しているはずです。当時は失敗だとされた苦い経験が、10年後に実を結んだこともあるでしょう。だから上司たちは、右のような言葉を気やすく使ってしまいます。

けれども、「ムービング・ターゲット」という言葉がある通り、あなたがかつて目指していた、そして今部下に目指せと言いたいゴールは、すでにほかの場所に移動してしまっ

DATA

不信度	★★☆
嫌われ度	★★☆
バカにされ度	★★★

ているかもしれません。すでにない、あるいはすでに陳腐化してしまっているゴールに向かうような、愚直な努力を強いることの愚かさ。

たとえば今、どんなに燃費の良いガソリン車を開発しようと努力しても、その努力が報われることはありません。地球温暖化が危惧される中、ガソリン車は排除されていくことが既定路線として決まっています。**「努力は裏切ることがある」**のです。

⊘ 大切なのは「努力」か「効率」か

私はよく「愚直ハードワーカー」と「効率ショートカッター」という言葉を使います。

前者は、その名が示す通り、「愚直と言われることがあっても、仕事は努力を重ねながら継続的に行なってこそ、最終的な目標を果たすことができるもの」という信念を持ち、何に対しても常に努力を心がけながら働いています。

このタイプは長時間労働を厭わない、あるいは仕方ないものと思っている人がほとんどで、１日あたりの残業量が多いという意味だけでなく、同じ仕事を一定の結果が出るまで何カ月も、ときには何年もの長期間に渡って愚直に行なっているようなケースもしばしば見られます。

後者は「仕事とは、まずゴールまでの最短距離を考え、できるだけ労力を使わずに効率的に遂行すべきもの」という信念の持ち主です。

拙速に動くのではなく、まず頭を使っていろいろと考えることに時間を使い、その上で最も短い工数でできる最も効率的と考えるやり方で仕事を始めます。手が速いタイプが多く、さまざまな作業を軽やかにこなしていき、高速でPDCAサイクルを回しながら、「このやり方ではダメだ」と思えばすぐに別のやり方に移ります。長時間労働や同じことを続けることを嫌い、泥臭い解決策よりも、数学好きな人がよく言う「エレガントな解法」のようなスマートなやり方を好みます。

どちらがより望ましいとは一概には決められませんが、1つ確かなこととして言えるのは、「最近の若い世代には後者のタイプが多い」ということです。

しかし**上司世代は、どちらかというと前者、「ハードに働き、努力を重ねるタイプ」を高く評価してしまいがちです。**何かに向かって必死で努力している姿は、目に見えるものだからです。一方で「できるだけ仕事をショートカット、効率化しようとする後者のタイプ」は、単にサボっているように見てしまいます。上司世代はえてしてITにも弱く、このタイプの社員が何をしているのかが見えてこない。自分の手を動かさず、これまであった何かを切り捨て、楽をしようとしているように見えるのです。

上司からの目線だけでなく、この二者同士も互いを嫌い、職場の雰囲気を悪くしていることもあります。愚直な努力派は「あいつは手抜きばかりしやがって」「しかもオレらがどんなに残業してがんばっていても、定時になればとっとと帰って行く」と腹を立てます。反対に、「楽をするのに一生懸命」な効率派は、「あいつらムダな仕事ばっかりしてて、残業代稼ぎたいだけだろ」とバカにする。意味のない対立構造です。

職場の一体感を壊すこのような対立は、誰が考えても望ましいものではありません。上司は本来、こういった対立を解消するために動くべきです。が、現実には前述の通り、どうしても「努力している部下」のほうを可愛がってしまうものです。その気持ちはわからないではありません。

統計に見る「日本人の仕事の効率」

しかし、生産性の向上を目指すべき現代にあって、「効率化すること」は悪いことでしょうか？　各種統計に出てくる数字を見てみます。

たとえば、日本より人口の少ないオランダは、日本より１人あたりの生産性が高いとされています（2023年の調査で、日本の人口は1億2330万人、オランダはそのわずか14％強の1760万人。ところが、GDPから1人あたりの生産金額を算出すると、日本は3万9301米ドルで世界27位、オランダは5万7997米ドルで12位。オランダを引き合いに出したのにはさしたる理由はありません。オーストラリアでもカナダでも同じようなことがいえます）。

このような差が出るのは、日本での長時間労働の常態化やデジタル化の遅れ、それらによる労働者のモチベーションの低下などが原因だと見られています。要するに、**日本は他国に比べ労働生産性が低く、仕事の効率化が遅れている、**ということです。

こう見ると、上司の評価にありがちな傾向とは逆に、やはり「愚直ハードワーカー」よりも「効率ショートカッター」のほうが合理的、現代的ではあるのです。

（ちなみに、稼ぎが多ければ幸せだというわけでもありませんので、経済以外の要素も含めた国連の「幸福度」調査を見ると、日本は世界で47位、オランダは5位でした。）

「努力の仕方」が変化してきている

前述の通り、企業にとって「旧来の努力派」と「新しい効率派」のどちらがより望ましいかは、一概には言えないとは思っています。

ただ、上司の皆さんに対して私が伝えたいのは、次の２つのことです。

「努力は裏切らない」を本当に自信や覚悟をもって言えていますか？　単に、誰が聞いても正しそうに聞こえる言葉だからというだけで、安易に口にしてはいませんか？

そして最後に言いたいもう１つのことは、**「かつてと現在では『努力の形』というものが変わってきている」**ということです。

これをお読みの皆さんには、このようなことを知り、意識しながら、上司としての役割を果たしてほしいと願っています。

まとめ

- 上司が若い頃に実を結んだ努力が、今もそのまま成果につながるとは限らない。
- 上司は「愚直ハードワーカー」を可愛がってしまうが、ビジネス的な文脈においては「効率ショートカッター」のほうが合理的で現代的。
- かつてと現在では「努力の形」は変わってきている。

column

上司はつらいよ

厚生労働省の調査で、課長は全労働者の約8%、部長は約2%です。つまり、上司と呼ばれる人は世の中の約1割のマイノリティです。一般に集団で3割を超えると一定の存在感や力を持つとされますが（クリティカルマスと呼ぶ）、それには遠く及びません。このためか、ネットなどを見ても、一般社員に対してより上司への悪口やグチは大変多く、まるでみんなダメ上司と言わんばかりの状況です。加えて、世の中は専門職化が進み、上司にならなくとも高報酬を得る道もあり、あんな総スカンを食らうくらいなら管理職になりたくないと思う人は多くなる一方です。しかし、組織は管理職なしには成り立ちません。彼らがハブとなってくれるから、大勢の人が力を合わせて1人ではできない大仕事ができているのです。このような上司という大変な役割を担ってくれている人を、今よりももっと大切にしなければ、いつか本当になり手がいなくなってしまうかもしれません。

おわりに

最後まで本書をお読みいただきまして、誠にありがとうございました。つたない表現のところも多々あったかと思いますが、何卒ご容赦いただけましたら幸いです。

さて、本書では、一見すると「一体どこが悪いのか」「普通の言葉じゃないか」と思われるような上司のよく発する一言が、言われる側の若手や部下の目線に立つと、意外にもとてもイヤなメッセージとなって伝わってしまうことがあるのだということがよくおわかりいただけたのではないでしょうか。

「そんなつもりではなかったのに」と心外な気持ちになった方もいることでしょう。知れば知るほど「言葉とは恐ろしい」「コミュニケーションは難しい」と思われたかもしれませんが、そう、難しいのです。

特に、すでに何度か述べた通り、日本人は世界で一番ハイコンテクストな文化の（共通の文化基盤が厚い）国です（これについて学ぶには、エリン・メイヤー氏のベストセラー『異文化理解力』などが参考になります）。京都人の言葉などが典型的ですが（私は京都市民です）、「よろしおすなあ」という言葉が「どうでもよい」という意味だったり、「お子さん、ピアノうまくならはりましたなあ」という言葉が「お宅の子どもの弾くピアノの音がうるさい」という意味だったり、さまざまな文脈、背景、関係性を考慮しないと本当の意味が伝わらないことも多いので、よけいにコミュニケーションは難しくなります。

これは上司と部下の間のコミュニケーションにおいても、もちろん同じです。

上司の皆さんは当然ながら悪意を持って部下に接しているわけではなく、部下にとって良かれと思って話しているだけなので、「なぜこのオレの気持ちがお前にはわからないのか」と苦しんでいるかもしれません

しかし、向こうは向こうで「良いことをしようとしてくれているのはうっすら

感じるのだけど、よけいなおせっかいだったり、逆効果なアドバイスだったりするんだよな」と感じているのです。

しかし、世の中で最もタチが悪く、改善しにくいのは「動機は善だが、結果が悪」というものです。「地獄への道は善意で舗装されている」というような言葉もあります。良いことをしているようでも、結果が悪ければ、社会人としては「悪い」のです。結果がダメでも努力しただけでホメられるのは子どものうちだけです。

私もこれまで300人以上の部下をマネジメントし、育ててきましたので、上司の皆さんの苦しみは少しはわかるつもりですが、部下に誤解されてしまい自分の思いが伝わらないのは、厳しいようですが上司側が負うべき責任です。

自分が言いたいことを伝えても部下が理解できていなければ、それは相手のせいではなく、部下が理解できるような言葉づかいや事例などを使った説明ができていない、自分の責任なのです。

「動機が善」で悪気のない上司の皆さんが、言葉づかいという単なる「スキル」「能力」の問題で誤解されてしまって、部下との間で良好な関係を築けないというのは本当にやりきれません。

私は世の中にはそんなに悪い人はいないと思っています。たいがいの組織の問題は誤解に基づくものです。

私が経営する株式会社人材研究所は「人と組織の可能性の最大化」をミッションとしている人事コンサルティング会社なのですが、「それだけが正しい指針であり、正しい考え方である」と言いたいのではありません。そんな傲慢なことは考えていません。

ただ、上司と部下の双方がもともと持っている可能性を開花させるために、私がこれまで数多くの企業で見てきた「上司と部下の悲しいすれ違いや誤解」が、本書によって少しでも解消されてゆくことを願っています。

最後に、本書を上梓するにあたって、最初の出版のきっかけをいただき、そして実際に本書の編集者としてさまざまなご指導をいただきました貝瀬裕一様、Webマガジン「OCEANS」記事連載の際の編集者であり私のリクルート時代の同期の藤井大輔様、執筆にあたって協力をいただきました多田高雄様や安藤健様をはじめとした私の仲間である人事コンサルティング会社、株式会社人材研究所のメンバーの皆さまに厚く御礼を申し上げます。

また、本書をお買い上げいただき、お読みいただいた読者の皆さまに重ねて御礼申し上げます。皆さまとともに深い相互理解のある平和な世の中を作っていければと思います。ありがとうございました。

２０２４年１月　曽和利光

曽和利光（そわ としみつ）

株式会社人材研究所代表取締役社長。日本ビジネス心理学会理事。日本採用力検定協会理事。情報経営イノベーション専門職大学客員教授。

1971年、愛知県豊田市生まれ、関西育ち。

灘高等学校、京都大学教育学部教育心理学科卒業。

大学在学中は関西大手進学塾にて数学科統括講師。

卒業後、リクルート、ライフネット生命などで採用・人事の責任者を務める。その後、2011年に人事コンサルティング会社、株式会社人材研究所を設立。日系大手企業、外資系企業、メガベンチャー、老舗企業、中小企業、スタートアップ、官公庁、大学、病院など、多くの組織に人事や採用のコンサルティング、研修、講演、執筆活動を行なう。

著書に『人事と採用のセオリー』『定着と離職のマネジメント』『人と組織のマネジメントバイアス』（以上ソシム）、『「ネットワーク採用」とは何か』（労務行政）、『採用面接100の法則』（日本能率協会マネジメントセンター）、『「できる人事」と「ダメ人事」の習慣』（明日香出版社）、『コミュ障のための面接戦略』『悪人の作った会社はなぜ伸びるのか?』（ともに星海社）など多数。

X（旧Twitter）　@toshimitsu_sowa
株式会社人材研究所　https://jinzai-kenkyusho.co.jp

部下を育てる上司が
絶対に使わない残念な言葉30
なぜこの言い方がNGなのか

2024年3月25日　第1版第1刷発行

著者　曽和利光
発行所　WAVE出版
〒102-0074　東京都千代田区九段南3-9-12
TEL 03-3261-3713　FAX 03-3261-3823
Email　info@wave-publishers.co.jp
URL　http://www.wave-publishers.co.jp

印刷・製本　中央精版印刷

ISBN978-4-86621-482-5

NDC336　207p　19cm